电动汽车充电设施
市场竞争策略评析

国网浙江省电力有限公司衢州供电公司 ◎编著

指导单位

能源行业电动汽车充电设施标准化技术委员会

IEEE PES 电动汽车技术委员会（中国）电动汽车充换电技术分委会

浙江省能源业联合会

企业管理出版社
ENTERPRISE MANAGEMENT PUBLISHING HOUSE

图书在版编目（CIP）数据

电动汽车充电设施市场竞争策略评析 / 国网浙江省电力有限公司衢州供电公司编著. — 北京：企业管理出版社, 2022.12

ISBN 978-7-5164-2800-9

Ⅰ. ①电… Ⅱ. ①国… Ⅲ. ①电动汽车—充电—服务设施—市场竞争—研究—中国 Ⅳ. ①F426.471

中国版本图书馆CIP数据核字（2022）第250128号

书　　名：电动汽车充电设施市场竞争策略评析
书　　号：ISBN 978-7-5164-2800-9
作　　者：国网浙江省电力有限公司衢州供电公司
责任编辑：蒋舒娟
出版发行：企业管理出版社
经　　销：新华书店
地　　址：北京市海淀区紫竹院南路17号　　邮　　编：100048
网　　址：http://www. emph. cn　　电子信箱：26814134@qq.com
电　　话：编辑部（010）68701661　发行部（010）68701816
印　　刷：北京亿友创新科技发展有限公司
版　　次：2022年12月第1版
印　　次：2022年12月第1次印刷
开　　本：710mm × 1000mm　1/16
印　　张：8.5印张
字　　数：141千字
定　　价：58.00元

编 委 会

主　任　周敬嵩　沈百强　周　俊

副主任　徐　帅　张　杨　蔡　剑　周丽波　徐桂娟

委　员　李　梁　袁　军　沈　洁　付铁恒　洪忠河　姜志博

陈仁庆　何官清　杨　彬　谢永胜　林　芳　徐雷文

姚　鑫　张亚平　孙　路　江　婷　杜晓东　沈超坤

程　刚　王　杰　邵星驰　汪岳荣　余圣彬　姜建明

骆跃武　方慧斌　毛芹伟

编 写 组

主　编　丁霄寅

副主编　张丹枫　陈小涛　郑奔持

成　员　张华进　祝健君　李　霜　郑颖轩　马晓光　马　炜

徐圣骅　吴　臣　尹宏源　王明明　朱爱国　吴海燕

吴佳楠　王晓寅　陈　琦　罗　丹　杨瑶佳　周　悦

舒小婷　琚凯翔　陈志伟　洪　灵　姚博仁　程　申

杨建东　徐　飞　徐晓圳　姜宏剑　王若兰　林　品

叶璐增　曾一鸣

序言

PREFACE

新能源汽车的时代已经到来，随着动力电池技术的发展，新能源汽车终将取代传统燃油车。本书由多年奋战在电动汽车运营管理一线的专家编写，写作素材多来自多年的工作经验。本书系统性地梳理了电动汽车及充电设施的发展历程，阐述了充电设施建设经营的方法，可以充当不同层次相关从业者的工具书或者培训教材，具有较强的借鉴性。

电动汽车从最初的萌芽发展到现在的井喷，各类电动汽车及充电设施技术近几年更是更新迭代，发展迅速，未来必将不断地优化和完善。本书详细介绍了现有充电设施运营模式，从充电设施建设与营销、运维与服务、收益与补贴等方面的分析入手，科学系统地为相关从业者提供指导。

充电设施建设看似简单，但大多数人不知道其中经营的奥妙，只顾跟风投资，只管建，不管运营，想要盈利并非易事，最终可能亏损。本书在多个方面提供系统性的思路，如如何建站、如何选址、如何运营等。“学而不思则罔，思而不学则殆。”希望从业者举一反三、相互印证，通过阅读本书，在电动汽车充电领域有所成就。

相信本书必能为电动汽车充电设施市场经营从业者带去帮助。

能源行业电动汽车充电设施标准化技术委员会
2022 年 12 月

前言 PREFACE

国家对环保、节能减排、能源安全的推进力度持续加强。因为电动汽车具有排放少、污染少、能源可控等优点，国家出台了一系列强有力的政策推广使用电动汽车。随着电动汽车的高速发展，充电领域潜藏着很多机遇。

近年来，国家各项有利政策不断促进电动汽车产业的发展，国家发展改革委等 10 部门联合印发意见，进一步提升电动汽车充电基础设施服务保障能力，明确到“十四五”末，我国将形成适度超前、布局均衡、智能高效的充电基础设施体系，能够满足超过 2000 万辆电动汽车充电需求。在电动汽车牌照、免购置税等多重利好政策下，电动汽车呈现良好的发展势头，随之涌现出如特来电、星星充电、云快充等充电设施运营商，充电设施市场竞争也越来越激烈。目前，电动汽车充电设施的运营仍处在初级阶段，充电设施建设困难、汽车厂商与充电设施之间的技术瓶颈、信息不对称造成充电桩闲置等问题都制约了充电设施市场的可持续发展，如何对电动汽车充电设施进行合理布局和运营，是每个充电设施运营商面临的考验。

本书从电动汽车发展现状、充电设施发展现状、设施建设和营销、设施运维和服务、相关收益和补贴、安全和风险管理等维度入手，阐述面对充电设施市场竞争的基本思路。希望本书能为读者提供有效且有益的信息，能对今后的电动汽车充电设施市场经营工作有所帮助。

本书结合了当前充电设施市场发展现状以及编者团队在充电设施市场运营管理方面的实践经验，集充电设施领域专家的智慧之大成。编写组希望本书内容可以融入充电设施领域业务培训、市场经营策划工作，帮助充电设施经营从业者快速了解相关基本概念和理念，并在市场竞争策略方面提供一些工作思路，为今后充电设施市场健康有序发展，提供易读易懂、可供参考的指导手册。

本书在编写过程中得到诸多行业同人的支持和帮助，特别要感谢中国电力企业联合会、国网浙江省电力有限公司、浙江省能源业联合会、国网浙江电动汽车服务有限公司等单位的指导，在此致以诚挚的谢意！

随着充电市场的发展和充电技术的进步，本书也将不断修编。由于编者水平有限，书中难免存在疏漏与不足之处，恳请广大读者批评指正，提出宝贵意见。

编者
2022 年 11 月

目录

CONTENTS

第一章

电动汽车发展现状

第一节　电动汽车的起源和发展

伴随着社会经济的快速发展，汽车作为一项重要发明，引发了全球范围内交通运输行业的革命，促进了社会的进步和世界的融合。汽车作为一种主要运输载体和交通方式，从根本上改变了人们的出行方式。自我国加入世界贸易组织以来，汽车工业迎来快速发展，汽车产业日新月异，截至 2022 年我国汽车保有量已突破 3 亿辆大关，汽车驾驶者已达 4.64 亿人。

电动汽车发展历程如图 1-1 所示。

图 1-1　电动汽车发展历程

19 世纪，随着资本主义经济的发展，自然科学研究取得重大进展，1870 年以后，由此产生的各种新技术、新发明层出不穷，并被应用于各种工业生产领域，促进经济的进一步发展，第二次工业革命蓬勃兴起，人类进入电气时代。早在 19 世纪，电动汽车就诞生了，早于世界第一辆燃油汽车。

1859 年，法国物理学家加斯东·普兰特发明铅酸蓄电池。1884 年，英国发明家托马斯·帕克在伦敦制造了第一辆可规模化生产的电动汽车（见图 1-2）。

1971 年 7 月 31 日，“阿波罗 15 号”登上月球，并布置了一辆月球车（见图 1-3），每个车轮配备一个直流驱动电机，以及一对 36 伏银锌氢氧化钾不可充电电池。

图 1-2 第一辆可规模化生产的电动汽车

图 1-3 月球车

20 世纪中叶，工业电子技术的兴起促进了电动汽车的发展，第一次石油危机爆发后，全球原油价格暴涨，据世界银行统计的数据，油价从石油危机爆发前的每桶 2.7 美元上升至危机后的每桶 13 美元。阿拉伯国家取消对美国的石油禁运后，石油危机事态慢慢平息，国际油价维持在 10 美元到 12 美元；第二次石油危机发生在 1979 年至 20 世纪 80 年代初，伊朗停止石油出口，石油市场每天短缺石油 500 万桶，约占世界总消费量的 1/10，使得国际原油价格暴涨，国际油价由 1978 年 11 月的每桶 13.2 美元上涨到每桶 20.8 美元。两次石油危机对燃油车企业造成重大打击，但是促使电动汽车一度兴起。

近年，能源和环境问题日益突出，许多国家和地区认识到，推动电动汽车发展对于解决化石能源危机、减少城市污染具有重要意义，所以尝试通过政策引导新能源汽车的发展。技术的进步和政策的扶持促使电动汽车取得长足的发展和进步。

第二节 当今电动汽车的分类

电动汽车是新能源车的一种，包括纯电动汽车（Battery Electric Vehicle，BEV）、混合动力汽车（Hybrid Electric Vehicle，HEV）和燃料电池汽车（Fuel Cell Electric Vehicle，FCEV）三类车型。下文重点介绍纯电动汽车和混合动力汽车。

一、纯电动汽车

纯电动汽车完全以可充电电池（目前以锂离子电池为主）或超级电容为动力源，用电动机驱动，可实现零排放（见图1-4）。纯电驱动是我国新能源汽车发展的主要战略方向。

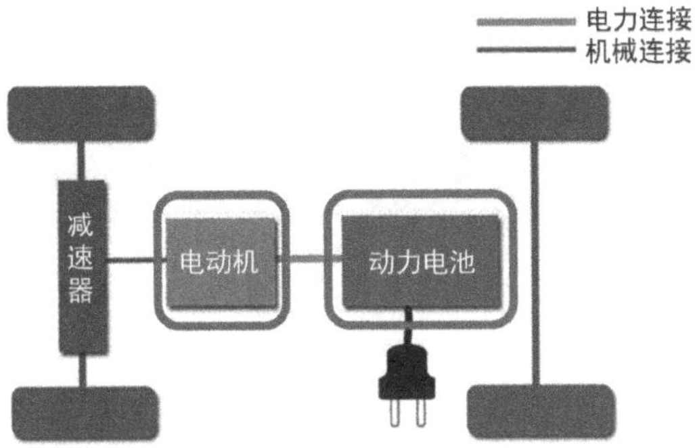

图 1-4　纯电动汽车

例如，比亚迪作为国内首屈一指的电动汽车生产销售大厂，2022 年正式宣布停止燃油汽车的整车生产。旗下热门车型“汉 EV”前脸采用 DragonFace 设计语言（见图 1-5），内部配备 12.3 英寸[①] 全液晶仪表盘 +15.6 英寸悬浮式中控屏 +HUD 抬头显示。这款车型共有两驱和四驱版本，其中两驱版本搭载最大功率 180 千瓦的电机，峰值扭矩 350 牛顿·米，CLTC（China Light-duty Vehicle Test Cycle）续航 715 千米；四驱搭载最大功率 308 千瓦的双电机，峰值扭矩 700 牛顿·米，CLTC 续航 610 千米。

图 1-5　比亚迪汉 EV 车

纯电动汽车的典型代表还有特斯拉 Model S（见图 1-6）。外观造型方面，该车定位为一款四门 Coupe 车型，动感的车身线条使人过目不忘。前脸造型方

① 1 英寸约等于 2.54 厘米。

面，该车采用了自己的设计语言。值得一提的是，特斯拉 Model S 的镀铬门把手在触摸之后可以自动弹出，充满科技感的设计从拉开车门时便开始体现。该车于 2012 年年中投入销售，它的竞争对手是宝马 5 系。Model S 拥有独一无二的底盘、车身、发动机以及能量储备系统。

图 1-6 特斯拉 Model S

二、混合动力汽车

广义上说，混合动力汽车是指车辆驱动系统由两个或多个能同时运转的单个驱动系统联合组成的车辆，车辆的行驶功率依据实际的车辆行驶状态由单个驱动系统单独或共同提供。

通常所说的混合动力汽车，一般是指油电混合动力汽车，既采用传统的内燃机（柴油机或汽油机）和电动机作为动力源，经过改造的发动机也能使用替代燃料，如压缩天然气、丙烷和乙醇燃料等。混合动力汽车的节能、低排放等特点引起汽车界的极大关注，成为汽车研究与开发的一个重点。混合动力装置既发挥了发动机持续工作时间长、动力性好的优点，又可以发挥电动机无污染、低噪声的好处，二者“并肩战斗”，取长补短，汽车的热效率可提高 10% 以上，废气排放可改善 30% 以上。2010 年，全球进入汽车混合动力时代。

混合动力汽车具有废气排放少、燃烧石油、行驶里程长同时可利用现有加油站设施等特点，但因其有两套动力系统，能量控制系统复杂，车辆造价高。

混合动力汽车可分为普通油电混动汽车、插电式混动汽车、增程式混动汽车。其中，普通油电混动汽车在正常行驶过程中，主要依靠发动机驱动，而在电量充足的条件下，车辆起动或者低速行驶时，完全依靠电动机驱动，但是续航里程较短；随着车速提高，发动机开始驱动车辆行驶；遇到坡道或者急加速时，发动机和电动机共同驱动车辆行驶（见图 1-7 和图 1-8）。

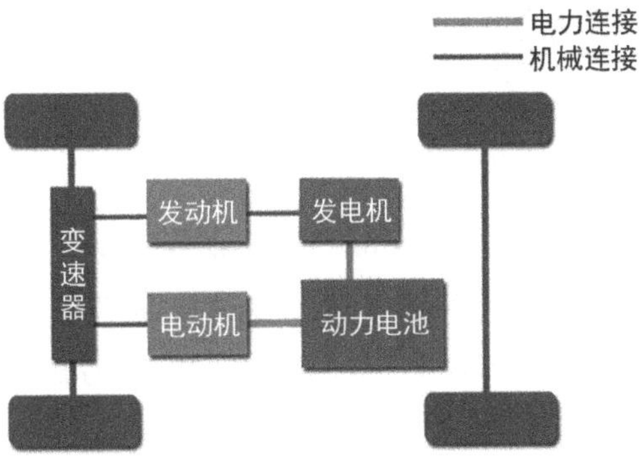

图 1-7 普通油电混动汽车的驱动系统

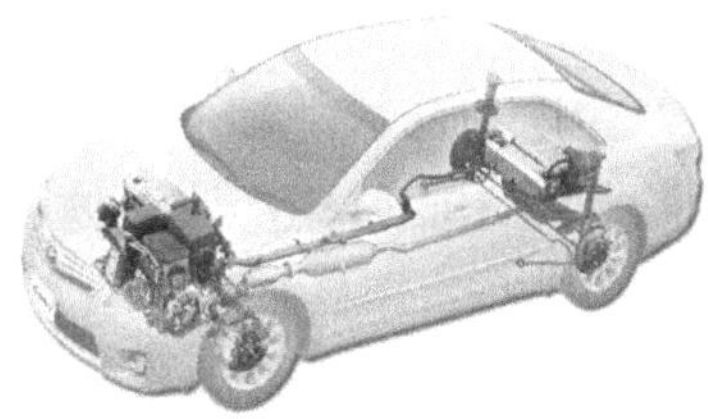

图 1-8 混合动力汽车简图

普通油电混动汽车的最大优点是省油。以凯美瑞混动版为例，百千米油耗在 5 升左右。由于在原有发动机基础上增设了一套电驱系统，混动版汽车的动力性能更好。

插电式混动汽车比普通油电混动汽车多一个插电口，能够外接电源充电，电动机功率更大。电池容量比普通油电混动汽车大很多，在纯电模式下可以跑几十千米（见图 1-9 和图 1-10）。插电式混动汽车的百千米综合油耗比普通油电混动汽车更低，如丰田普锐斯插电版在纯电模式下可以行驶 30 千米，百千米油耗低至 2 升，比亚迪的 dmi 系统也是如此，且纯电续航目前已突破 100 千米。

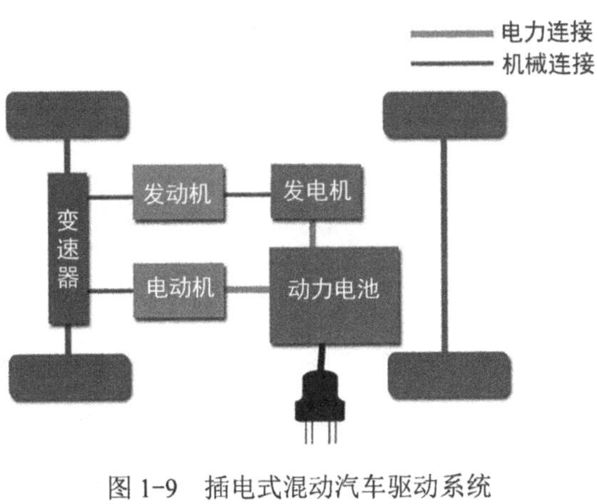

图 1-9 插电式混动汽车驱动系统

图 1-10 插电式混合动力汽车

2022 年，比亚迪和特斯拉的纯电动汽车和插电式混动汽车的全年累计销量均超过 100 万辆，比亚迪摘得全球销冠，销量高达 184.77 万辆，特斯拉为 131.43 万辆。上汽通用五菱和大众的销量均超过 40 万辆；宝马为 37.27 万辆；奔驰、广汽、上汽、长安、奇瑞、起亚、吉利、现代、东风、沃尔沃 10 家企业的销量都超过 20 万辆（见图 1-11）。

2022 年全年全球新能源乘用车分企业销量排名 TOP20			
排名	企业	2022 年全年销量 / 辆	2022 年全年份额占比
1	比亚迪	1,847,745	18.31%
2	特斯拉	1,314,330	13.02%
3	上汽通用五菱	482,056	4.78%
4	大众	433,636	4.30%
5	宝马	372,694	3.69%
6	奔驰	293,597	2.91%
7	广汽	271,557	2.69%
8	上汽	237,562	2.35%
9	长安	237,429	2.35%
10	奇瑞	230,867	2.29%
11	起亚	224,784	2.23%
12	吉利	224,601	2.23%
13	现代	222,500	2.20%
14	东风	204,774	2.03%
15	沃尔沃	203,144	2.01%
16	奥迪	191,644	1.90%
17	哪吒	149,791	1.48%
18	福特	148,520	1.47%
19	理想	134,409	1.33%
20	标致	129,910	1.29%
TOP20 合计		7,555,550	74.87%
其他		2,535,614	25.13%
全球总计		10,091,164	100.00%
数据来源：CleanTechnica（上述车型包含纯电动和插电式混合动力）			

图 1-11 2022 年全球新能源乘用车销量排名

增程式混动汽车和普通油电混动汽车、插电式混动汽车不同，增程式混动汽车不是由发动机直接驱动车轮行驶，而是由电动机驱动的。像插电式混动汽车一样，也可以通过外接电源对电池进行充电（见图 1-12）。油—电—动力的形式，使得增程式混动汽车在增程模式下（纯油模式）的发电效率较为稳定，油耗比普通燃油汽车低很多。

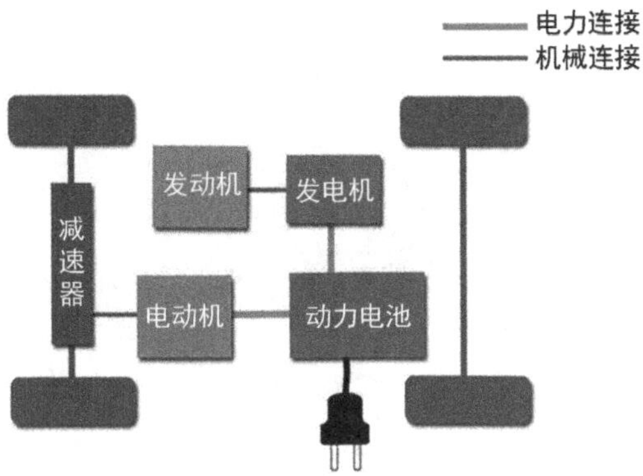

图 1-12　增程式混合动力汽车驱动系统

增程式混动汽车在电池电量充足时，动力电池驱动电机，提供整车驱动功率需求，此时发动机不参与工作。当电池电量消耗到一定程度时，发动机启动，发电机发电驱动电动机，多余功率为电池充电，当电量恢复到设定值，则关闭发动机，使用电池驱动电动机。

第三节　我国电动汽车发展情况

我国一直非常重视电动汽车的发展，自“电动汽车重大科技专项”和“节能与新能源汽车”专项工作纳入国家“八六三计划”后，我国电动汽车的研发进入快车道。2008 年北京奥运会期间，奥运组委会使用了五百多辆新能源汽车为参赛运动员和工作人员提供服务，取得了良好的效果。次年，电动汽车推广示范工作在全国 13 个试点城市展开，电动汽车进入公共交通、卫生、运输等领域，极大地推进了电动汽车的发展。同时，国家对于购买电动汽车的财政补助政策出台，促使电动汽车发展得更为迅猛。

乘着政策的东风，国内电动汽车的发展呈现出百家争鸣之态。以特斯拉为首的国外品牌，比亚迪、北汽、广汽、上汽和吉利等自主品牌车企，以广汽丰田、上汽本田为主的合资车企，以理想、小鹏、蔚来为主的造车新势力，都推出了旗舰车型，促进了我国电动汽车产业的发展。

2018 年特斯拉超级工厂落户上海，开启国产特斯拉的新篇章。其中，国产 Model 3（见图 1-13）凭借优秀的性能、出色的颜值以及高性价比，发挥出鲇鱼效应，为中国新能源市场、电动汽车企业改革注入强大的动力。

图 1-13 Model 3 车型图

比亚迪汽车公司凭借自身的电池技术，不断推出重磅车型，王朝系列、海洋系列（见图 1-14）在市场上都有出色的表现。从最早发布的秦系列，到宋、汉等，比亚迪已在电动汽车行业取得巨大的成功。紧跟比亚迪步伐的是上汽、北汽、吉利等车企。例如，上汽集团推出荣威 MARVEL X 获得市场先机，又相继推出全球首款整舱交互 5G 量产车荣威 MARVEL-R 和量产“高智能纯电家轿”荣威 ER6。上汽集团旗下五菱汽车推出的五菱宏光 MINI（见图 1-15），凭借其体型小、价格低廉等优势，长时间位列新能源汽车销量第一，进一步推动新能源汽车的发展，让更多的人领略到新能源汽车的优势。

图 1-14 比亚迪海豹

图 1-15 五菱宏光 MINI

自主品牌发展转型的同时，国内合资品牌亦同步发力。依靠母公司强大的技术背景，合资车企在中国市场开始大范围投入电动汽车。其中，广汽丰田公司相继推出的雅阁锐混动、凌派锐混动、奥德赛锐混动、皓影锐混动、汉兰达混动、广汽埃安等众多产品，在 SUV 车型、MPV 车型、中高端轿车、中级车四大细分市场全面完成锐·混动产品的布局，并且在纯电动领域推出理念 VE-1。广汽埃安拥有 Aion LX Plus（见图 1-16）、Aion V Plus、Aion S Plus、Aion Y 等产品。2021 年 3 月 10 日，广汽埃安紧跟比亚迪“刀片电池”，正式发布弹匣电池系统安全技术（简称“弹匣电池”），行业首次实现了三元锂电池整包针刺不起火，重新定义三元锂电池安全标准。2021 年 5 月 20 日，广汽埃安再次发布磷酸铁锂（弹匣电池）针刺试验，试验结果——不冒烟且温度仅为 51.1℃，是目前针刺热失控实验中表现最优的动力电池，刷新了磷酸铁锂电池的安全新高度。东风本田 2019 年发布首款纯电动汽车 X-NV，开启了纯电动汽车的元年，补贴后分别售 16.98 万元、17.98 万元，代表着东风本田“放眼未来（Seeing the Future）”新能源品牌计划正式落地。其他合资品牌也从 2020 年开始积极投放新能源产品。

图 1-16　广汽埃安 Aion LX Plus

随着互联网技术的高速发展，新能源造车新势力逐渐发力。小鹏、蔚来汽车、理想、小米、恒大等新势力纷纷入场，宣传其汽车品牌。小鹏汽车作为新能源汽车的新生代走纯电技术路线，先后推出 G3、P7（见图 1-17）、P5、G9（见图 1-18）等车型。

图 1-17 小鹏 P7

图 1-18 小鹏 G9

小鹏 P7 车型，NEDC 续航里程可达到 706 千米，这使它成为 2020 年中国续航里程最长的电动汽车。这款纯电车型，搭载英伟达 NVIDIA DRIVE AGX Xavier 平台的量产车型，它配备了大量超声波传感器、高精度毫米波雷达、环视摄像头和自动驾驶高感知摄像头，集合新能源和智能驾驶于一体，极具竞争力。小鹏汽车在 2020 年进一步完善了超级充电站和充电桩建设，在全国增大自营的销售和服务体系的布局。小鹏 G9 车型定位于中大型纯电 SUV，设计富有科技感，CLTC 综合工况续航最高达到 702 千米；还将 5D 概念融入智能座舱，可在多种使用场景下实现车内多感官智能功能的调用和联动；车内语音交互系统也升级到全场景语音 2.0。

蔚来汽车作为造车新势力中的佼佼者，近几年连续推出 ES6、ES8、ET5、ET7 多款重要纯电动车型。ES6 车身结构采用高强度铝加碳纤维的复合架构，拥有 4.7 秒零到百千米加速性能，510 千米超长综合工况续航里程和 33.9 米制动距离。而 ES8 定位于快速增长的 7 座 SUV 市场，面向一、二线城市的新生代核心家庭。外观在传承之余，在设计方面做出了新的诠释——更锐利、更现代。在内饰的设计和材质提升方面，数字座舱全面升级为 9.8 英寸超窄边数字仪表盘和 11.3 英寸高清多点触控中控屏。随着新能源汽车的热度持续增加，市场上出现了 60 余家新势力造车企业，都以纯电动技术为方向。面对市场考验和自身技术的成熟度，目前有不到 10 家的成熟企业推出量产产品，凭借新能源汽车、智能驾驶概念和创新的售后服务等，赢得市场一定的认可。

理想汽车是中国新能源汽车制造商，设计、研发、制造和销售豪华智能电动汽车，于 2015 年 7 月创立，总部位于北京，自有生产基地位于江苏常州，通过产品创新及技术研发，为家庭用户提供安全及便捷的产品及服务。在中国，理想汽车是成功实现增程式电动汽车商业化的先锋，首款商业化的增程式电动汽车车型理想 ONE 是一款六座中大型豪华电动 SUV（运动型多用途汽车），配备了增程系统及先进的智能汽车解决方案，于 2019 年 11 月开始量产，并于 2021 年 5 月 25 日推出 2021 款理想 ONE（见图 1-19）。

图 1-19　理想 ONE

理想 ONE 标配了全栈自研的理想 AD 高级辅助驾驶系统，并采用两颗地平线“征程®3”自动驾驶专用芯片及五颗博世第五代毫米波雷达。理想汽车始终认为一家人的安全，只有标配，没有选配。因此自 2022 年起，所有新车型均标配自研开发的 L4 级自动驾驶软、硬件，并且将持续优化自动驾驶系统。另外，在智能座舱方面，理想汽车将开创空间智能技术的研发，让智能服务车里的每一位家庭成员。

得益于我国环保工作的纵深推进和新能源购车等各项补助的实施，新能源车企如雨后春笋般出现。目前，补贴的减少、准入阈值和新的能源汽车的要求，对新能源汽车的要求也更高了，这无疑是对相关汽车公司质量和技能的新一轮测试。

第四节　国外电动汽车发展情况

在能源危机、环境污染等社会问题日益凸显的今天，世界各国都把发展节能环保的新能源汽车作为提高产业竞争力、保持经济社会可持续发展的重大战略举措，特别是美国、日本、韩国等国家和地区积极开展对新能源汽车的研究。

美国是开发研制纯电动汽车的先驱者。1976 年 7 月，美国国会就通过了新能源电动汽车研发及样车试用的法令，拟以立法、政府资助和财政补贴等手段加快发展电动汽车。1996 年通用公司首次推出纯电动汽车 EV1（见图 1-20），使用德科公司提供的铅酸电池，最大续驶里程可达 144 千米，最高时速为 128 千米。但由于售价昂贵、续驶里程短及充电时间较长等，通用 EV1 在投放市场不久后就已经停产。通用对电动汽车的研发引起人们对电动汽车的又一次重视，开启了近年来多元化纯电动汽车发展的浪潮。

图 1-20 通用 EV1 纯电动汽车

特斯拉公司于 2003 年在美国加利福尼亚州硅谷成立，其对电动汽车的研究，给世界各大传统内燃机车企业带来了压力。特斯拉于 2008 年推出首款电动汽车 Roadster，就获得人们的高度关注，续驶里程可达 394 千米，百千米加速 3.7 秒。随后，特斯拉 Model S 和 Model X 相继亮相，Model S 是首款双电动马达汽车，搭载松下 18650 锂电池，续驶里程可达 507 千米，最高时速可达 249 千米，启动时 2.5 秒可达到时速 96 千米。此外，特斯拉 Model 3 已经量产，作为豪华电动汽车制造商，特斯拉引领了世界电动汽车行业的发展。

从全球新能源汽车发展情况来看，特斯拉是全球新能源汽车产业的重要领导者之一，发展历程可谓跌宕起伏。

2003 年，特斯拉由马丁·爱伯哈德（Martin Eberhard）和马克·塔彭宁（Marc Tarpenning）联合创立，以著名发明家、电力先驱尼古拉·特斯拉（Nikola Tesla）为公司命名。

2004 年，以 PayPal 实现财务自由的埃隆·马斯克（Elon Musk）投资特斯拉，并出任特斯拉董事会主席，一段传奇自此上演。

2005 年，特斯拉发布首款电动跑车 Roadster（见图 1-21），由英国跑车制造商莲花公司提供底盘和车身设计。作为特斯拉首款车型，Roadster 的诞生过程困难重重，前期研发出现变速箱问题，后期出现量产成本问题。2008 年开始交付，特斯拉不得不以低于成本价的价格销售，但市场并不买账。随着 Roadster 研发、量产问题的出现，特斯拉创始人相继离开团队，公司资金短缺，面临无法量产交付的风险，特斯拉进入最艰难的时刻。

图 1-21 特斯拉首款电动跑车 Roadster

正如好莱坞大片剧情，危急时刻总有“英雄”出现。2008 年，马斯克出任特斯拉的首席执行官。戴姆勒公司斥资 5000 万美元收购特斯拉 10% 的股份，马斯克又拿出 6000 万美元，不久，特斯拉获得美国能源部 4.65 亿美元低息贷款，这些资金将特斯拉从破产边缘拉了回来。熬过最艰难的时刻，2010 年，特斯拉在纳斯达克成功上市。

2009 年，特斯拉发布第二款车 Model S（见图 1-22），一款豪华四门电动轿车。2012 年交付销售，市场、口碑双丰收。2013 年，Model S 累计销售 22442 辆，对于一款刚推出的、7 万美元以上的电动汽车来说，这是史无前例的。同年一季度，特斯拉首次营利，一时成为全球瞩目的焦点。

图 1-22 特斯拉 Model S

随后几年，特斯拉陆续推出爆款车型：豪华级电动 SUV，即 Model X；经济型电动轿车，即 Model 3；经济型电动 SUV，即 Model Y（见图 1-23）。特别是 Model 3 车型，受到市场高度认可，订单量骤增。

图 1-23 Model X、Model 3、Model Y

车型热销，订单骤增，特斯拉的产能却无法满足市场需求，大量订单得不到交付，特斯拉深陷“交付门”困境。

面对交付压力，特斯拉打造了一款制造机器的机器，全球最领先的自动化工厂：特斯拉超级工厂（Gigafactory）。2018 年，特斯拉超级工厂落户上海（见图 1-24），主要生产经济型电动汽车 Model 3 和 Model Y，产能达到每年 50 万辆。2020 年 6 月 10 日，特斯拉市值突破 1900 亿美元，超越丰田，问鼎全球汽车公司市值第一，上市 10 年，特斯拉创造了历史。

图 1-24 特斯拉超级工厂落户上海

对环保一直比较重视的欧洲国家也在大力发展纯电动汽车，2016 年电动汽车销量达 50 万辆，领跑电动汽车市场。雷诺 ZOE 纯电动汽车（见图 1-25）因小型轻便、租赁方式灵活、售价便宜等特点受到欧洲人的喜爱。2016 年新款雷诺 ZOE 电动汽车对动力系统升级，采用 LG 高能量密度电池，减轻整车质量，最高续驶里程可达 320 千米。

图 1-25　雷诺 ZOE 纯电动汽车

在纯电动汽车如火如荼的发展过程中，德国宝马顺应市场与政策的需求，于 2013 年推出首款纯电动汽车——宝马 i3（见图 1-26）。作为一款豪华纯电动汽车，2017 款升级版宝马 i3 纯电动汽车搭载能量密度更大的电池组，续驶里程可达到 450 千米。与此同时，宝马将继续扩大纯电动汽车的生产，已生产了 MiNi 的首个纯电动汽车和宝马 X3 纯电动车型，这两款车型都将会在德国莱比锡工厂生产制造。此外，宝马还在 2021 年生产“宝马 iNEXT 纯电动”车型，该车型在位于德国丁戈尔芬的工厂生产。

图 1-26　宝马 i3 纯电动汽车

宝马是全球传统车企中对电动汽车的趋势把握最佳的车企，自 1972 年起，多次尝试电动汽车的研发试制，随着 i3 系列的热销，宝马真正确定了其电动汽车的引领地位。

1972 年的慕尼黑奥运会上，宝马就带来了电动汽车鼻祖车型 1602e。该车型采用 12V 的铅酸电池搭配 42 马力[②] 电动机，续航 60 千米，但最终未能量产。20 世纪 80 年代，宝马花费重金致力于电池开发，终于在 1987 年，BMW 325ix 面世，续航 150 千米，最高车速 100 千米 / 时，基本达到代步的要求，这让宝马和外界都看到了电动汽车发展的未来。

E1、Mini E 成功面世，促成宝马 i 计划实施。1991 年推出宝马 E1，最可喜的是该车型配备了锂电池，续航里程达到 160 千米，最高车速 120 千米 / 时，限于当时能量密度仍较低、成本较高，最终未能实现量产。2008 年，宝马生产了 600 辆以锂电池为动力系统的 Mini E，实现续航 200 千米。尽管是以租赁方式进入市场，没有量产，但测试收集了大量实践数据，为后续电动汽车的研发奠定了实践基础。2010 年的北美国际车展上，宝马推出全新电动 1 系 Active E，并以 Active E 为基础，宝马公布了下一步计划——全新子品牌“i”。

i3、i8 起步早、步伐快，引导宝马进入全面电动化。凭借长达 40 年的研究技术和实践，宝马第一款量产电动汽车 i3 于 2013 年面世，同期发布的还有混动超跑 I8。性能方面百千米加速 7.2 秒，最高车速 150 千米 / 时，续航 130 千米至 160 千米，新概念的车身设计搭配高强度碳纤维车身，实现了轻量化和安全性，这标志着宝马汽车制造进入新的时代。2017 年，宝马“ACES”战略公布，即自动化（Automated）、互联化（Connected）、电气化（Electrified）和共享化（Shared），再度提高了新能源汽车的战略地位，宣布未来旗下所有品牌和车型都将全面电动化，将在 2025 年以前推出至少 25 款电动引擎车型，包括 12 款纯电动汽车，同时还布局了 i1~i9、iX1~iX9 的车型。已在中国推出 5 个车系共 9 款车型。

宝马新能源汽车销量激增，插电式混动汽车接力再发力。2017 年宝马新能源汽车的销量是 10.3 万辆，增速 65.6%。2015—2017 年，宝马新能源汽车分别占据全球市场份额的 6.1%、8.0% 和 7.9%。宝马集团预计到 2025 年，纯电动汽车和插电式混合动力汽车车型将分别达到公司汽车产品总销量的 15% ～ 25%。i 系列销量打开良好局面，X 系列等开启全面电动化。国内市场目前上市的新能源车型中，BMW i3 是纯电动汽车，余者为插电式混动汽车。宝马战略核心是以纯电动车型应对城市出行，以插电式混动汽车解决续航里程。

在政府及车企的大力推动下，日本国内电动汽车产业发展突飞猛进，日产

---

② 马力为计量功率的单位。1 马力约等于 735 瓦特。

聆风（LEAF）作为日产旗下的经典车型（见图 1-27），已成为全球销量最大的纯电动汽车，从 2010 年年底上市截至 2017 年 7 月，聆风的全球销量已经突破 28 万辆。2018 款聆风融入快充功能，并搭载两种模式的充电接口，其快充接口充电至 80% 只需 40 分钟，慢充接口利用 3 千瓦充电器充电需 16 小时，而利用 6 千瓦充电器充电只需 8 小时。此外，2018 款聆风还提供了 V2G（车对电网）功能，所有的车辆都可以接入电网，并对电网反向输出电能，同时还配备了 xStorage 储能系统，更加节能经济。

图 1-27　2018 款日产聆风纯电动汽车

第二章

充电设施发展现状

第一节 充电设施发展情况

电动汽车充电设施发展包括传导式充电和感应式充电两条技术路线。

传导式充电设施一般指充电桩等设备。电动汽车充电设备是电动汽车的供能保证，常见的有充电桩、充电弓等。电动汽车充电桩由桩体、电能转换装置、信息系统等部分组成，可固定在地面上，安装在公共区域如地下停车场等，从输出电流性质和充电效率来看，可分为直流快充和交流慢充两类。

我国电动汽车产业虽然起步较晚，但近年取得巨大进步，在借鉴国外发达国家的电动汽车行业发展经验之后，作为基建大国、强国，在电动汽车充电基础设计建设方面，我国不断加强建设充电设施的政策扶持力度。在国家相关政策的背景下，电动汽车充电设施建设走在了世界前沿，我国也成为世界上投运充电设备最多的国家。从工信部副部长辛国斌在2022世界新能源汽车大会开幕式上传递出的信息可知，截至2022年8月，我国已建成398万个充电桩，构建了全世界规模最大的充电网络，可以初步支撑起新能源汽车的普及。我国公共充电桩的数量已经占全世界的一半以上。也就是说，公共充电桩数量比其他国家充电桩总和还多。

传导式充电是以电缆为传输介质，通过电缆和耦合器（插头插座）连接，进行直接的接触式电能传输（见图2-1）。按照为车辆提供的电源形式划分，可分为交流充电和直流充电两种。优点是成本低、传导效率高。但也存在一些缺点，例如传导式充电需要人工操作，连接部分为易损件，安全方面有一定的局限性等。

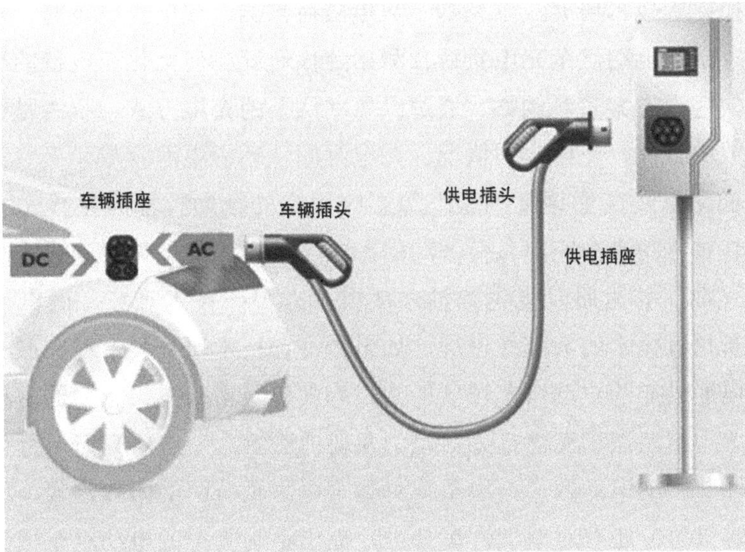

图 2-1　传导式充电

感应式充电（又称为“无线充电”）是基于电磁感应原理，在一定空间范围内的电能无线传输，感应式充电设备包括地面发射线圈、车载接收线圈、地面变频装置、车载电能变换模块、控制单元电路等部件（见图 2-2）。优点是使用方便，安全程度高，人工操作减少，但由于成本较高，技术尚不成熟，目前该技术还处于示范运营阶段。2016 年年初建立了首条乘用车移动式无线充电示范道路。

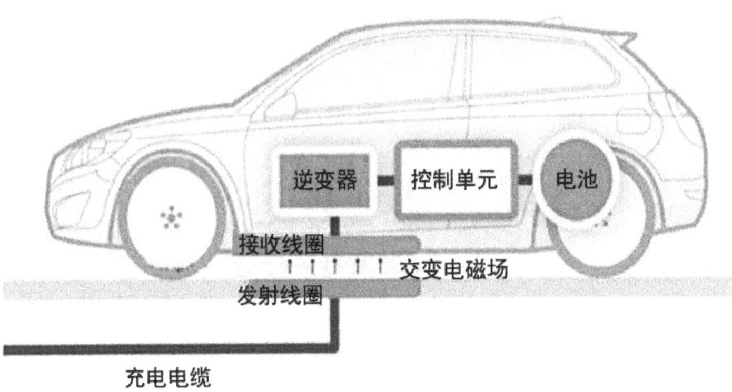

图 2-2　感应式充电

除此之外，充电设施发展仍在不断推进，诸如 V2G（Vehicle-to-Grid）、电动汽车换电等技术研究，以及基于放电负荷预测、放电控制策略、短期电力负荷预测方法的电动汽车充电负荷预测来建模研究如何优化充电桩的城市布局或区域性的建设方案等。例如，通过“电动汽车的充电方式、状态是否良好、电池的充放电特性、充电电力情况、充电时间、动力电池容量、天气条件、温度、日期类型以及交通调度因素”等影响用户的行为特性的参数建立种种模型，测算其对电动汽车充电负荷波动的影响，从而为充电桩的建设方式提供理论依据。又如，着重研发充电电池，从根本上突破技术难点，而电池技术升级，依赖新材料技术的突破性进展，如果新材料技术得到根本性突破，将大幅提升动力电池供能的电动汽车续航能力，为其拓展市场提供有力的支撑保证。细节上，关于电动汽车充电行为对电力负荷的影响，一些研究着重分析电动汽车电池特性，归纳电动汽车充电负荷对整个电力负荷网的影响因素，如充电方式、电池容量等；还有对电动汽车分类，提出不同类型的电动汽车模型，进而分析不同的充电负荷特性，再分析电动汽车充电行为对电力网络的影响。针对电动汽车充电负荷，建立的前提研究有分析统计负荷、充电时间服从正态分布以及从抽样方式确定电动汽车的相关参数等，模拟电动汽车充电负荷进行相关理论分析。

常规充电方式可分为交流充电和直流充电。交流充电较慢，常见充电设备功率为 7 千瓦，需要充电 5 至 8 个小时，车主通常选择电价更低的谷电时段来充电。直流充电较快，充电设备功率常见为 60 千瓦、80 千瓦、120 千瓦甚至更高，通过运用大电流充电 20 分钟至 2 小时不等，效率非常高，充电时间比交流充电要短很多，但对安全性的要求更高。

在大数据、物联网等科技的推动下，无论是商业模式还是技术方面，对充电桩而言智能化程度会有更大的提升。例如，有序充电和 V2G 技术可以合理调配电网和车辆间的互动能量，不仅对电网移峰填谷等保障工作有帮助，而且用户可以通过向电网售电的方式增加额外收入、降低使用成本。随着对充电方式的进一步研究，未来充电桩可能在现有的普通传导充电基础上发展更多形式的充电方式，如无线充电、换电等方式。在今后的发展中，根据地区的不同情况因地制宜，充分利用当地资源建设充电站与充电桩，是符合科学可持续发展要求的。

第二节　充电设施相关定义

一、充电设施

（一）充电设施

电动汽车充电设施（charging infrastructure）是采用整车充电方式为电动汽车提供电能的相关设施的总称。充电设施包括充电站和分散充电设施。

电动汽车充电站（charging station）是为电动汽车提供充电服务的专用场所。充电站由多台集中布置的充电设备以及相关的供电设备、监控设备、配套设施等组成，如图 2-3 所示。

图 2-3　电动汽车充电站

电动汽车分散充电设施（dispersal charging infrastructure）是结合用户居住地停车位、单位停车场、公共建筑物停车场、社会公共停车场、路内临时停车位等配建的为电动汽车提供电能的设施。分散充电设施由充电设备、供电系统、配套设施等组成。

（二）充（放）电设备

充电设备（charging equipment）是以传导方式或无线方式与电动汽车或动力蓄电池连接，为其提供电能的设备。

放电设备（discharging equipment）是以传导方式或无线方式由动力蓄电池向负荷或电网传输电能的设备。

充放电设备（charging and discharging equipment）是连接于电动汽车或动力蓄电池与电网（或负荷）之间，可实现能量双向流动的设备。

（三）充电服务网络

充电服务网络（charging service network）是为电动汽车用户提供充电服务及其他辅助服务，并具备信息化管理功能的充电设施及其管理系统的总称。

二、充电方式

（一）传导充电

传导充电（conductive charge）是利用电传导给蓄电池进行充电的方式。

直流充电（DC charge）是采用传导方式，以直流电为电动汽车动力蓄电池提供电能的方式。

交流充电（AC charge）是采用传导方式，以交流电为电动汽车车载充电机提供电能的方式。

充电模式（charging mode）是连接电动汽车到电网（电源）给电动汽车供电的方式。

模式 1（Mode 1）是将电动汽车连接到交流电网（电源）时，在电源侧使用了符合 GB/T 2099.1—2021《家用和类似用途插头插座 第 1 部分：通用要求》和 GB/T 1002—2021《家用和类似用途单相插头插座 型式、基本参数和尺寸》要求的插头插座，在电源侧使用了相线、中性线和接地保护的导体。

模式 2（Mode 2）是将电动汽车连接到交流电网（电源）时，在电源侧使用了符合 GB/T 2099.1—2021 和 GB/T 1002—2021 要求的插头插座，在电源侧使用了相线、中性线和接地保护的导体，并且在充电连接时使用了缆上控制与保护装置（IC-CPD）。

模式 3（Mode 3）是将电动汽车连接到交流电网（电源）时，使用了专用供电设备，将电动汽车与交流电网直接连接，并且在专用供电设备上安装了控制导引装置。

模式 4（Mode 4）是将电动汽车连接到交流电网或直流电源时，使用了带控制导引功能的直流供电设备。

（二）无线充电

无线充电（wireless power transfer）是将交流或直流电网（电源）通过无线电能传输技术，调整为校准的电压 / 电流，为电动汽车动力蓄电池提供电能，也可以为车载设备供电，如图 2-4 所示。

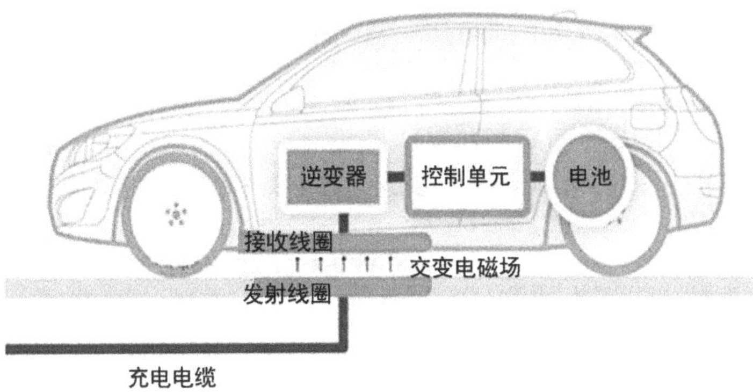

图 2-4　无线充电

静态无线充电（stationary wireless power transfer）是电源向电动汽车进行无线电能传输，电源和电动汽车的物理位置为静止状态。

动态无线充电（dynamic wireless power transfer）是电源向电动汽车进行无线电能传输，电源或电动汽车的物理位置为相对运动状态。

三、传导充电设备

（一）非车载充电机

非车载充电机（off-board charger）是固定连接至交流或直流电源，并将其电能转化为直流电能，采用传导方式为电动汽车动力蓄电池充电的专用装置。简称“充电机”，俗称“直流充电桩”。

充电终端（charging terminal）是电动汽车充电时，充电操作人员需要面对和操作的、非车载传导式充电机的一个组成部分。充电终端一般由车辆插头、人机交互界面组成，也可包含计量、通信控制等部件。

一体式充电机（integral charger）是将功率变换单元、充电终端功能相关组件等组成单元放置于一个柜（箱）体内，在结构上合成一体的充电机。

分体式充电机（split type charger）是将功率变换单元与充电终端在结构上

分开，二者间通过电缆连接的充电机。

（二）交流充电桩

交流充电桩（AC charging spot）是采用传导方式为具有车载充电机的电动汽车提供交流电源的专用供电装置。

（三）移动式充电设备

移动式充电设备（mobile charging equipment）是非固定安装的为电动汽车提供电能的设备。

（四）大功率充电和恒功率充电

大功率充电（high power charge）是单个接口最大输出电流超过 250 安的充电方式。

恒功率充电（constant power charge）是充电机输出功率维持在恒定值的状态。

（五）充电连接装置

充电连接装置（connection set for charging）是电动汽车充电时，连接电动汽车和电动汽车供电设备的组件。除电缆外，还可能包括供电接口、车辆接口、缆上控制保护装置和盖帽等部件。

四、充电服务网络

（一）电动汽车用户

电动汽车用户（EV driver）是通过充电设施为电动汽车补充能量的电动汽车使用者。

（二）充电服务

充电服务（charging service）是运营商向电动汽车用户提供的，包括身份识别认证、充电、支付结算等整个过程的服务。

（三）充电服务运营商

充电服务运营商（charging service operator）是为电动汽车用户提供充电服务的提供者。充电服务运营商包括充电服务平台运营商和充电设施运营商，简称“运营商”。

充电服务平台运营商（charging service platform operator）是充电服务网络的运行监控、运营管理、业务服务、信息服务等的提供者，简称“平台运营商”。

充电设施运营商（charging infrastructure operator）是电动汽车充电设施的运营、维护和服务的主体单位，简称“设施运营商”。

（四）充电运营服务系统

充电运营服务系统（charging operation and service system）是实现电动汽车充电相关业务的营业服务、调度管理、运行监控、数据采集、统计分析、运行决策的系统，为联网电动汽车用户提供信息服务。充电运营服务系统可由充电监控平台、充电服务平台、充电服务客户端等组成。

第三节　充电设施分类

（一）按使用环境条件分类

1. 正常使用环境

充电机按照正常使用环境分类，分为室内使用充电机、室外使用充电机。

2. 特殊使用环境

可根据 GB/T 18487.1—2015《电动汽车传导充电系统 第 1 部分：通用要求》中 14.2 条规定的特殊使用条件分类。

（二）按使用对象分类

充电机按照使用对象分类，可分为公用型充电机和专用型充电机。

公用型充电机：对普通公众开放，使用运营商的支付方式进行充电。

专用型充电机：只对特定车主或车辆提供充电服务，不对普通公众开放。

（三）按充电设备输出特性分类

充电设备对电动汽车输出的电能分类（接口标准不同），可分为交流充电桩和直流充电桩。

交流充电桩：向电动汽车充电机输入交流电，配置交流充电枪，如图 2-5 所示。

直流充电桩：直接向电动汽车电池输入直流电，配置直流充电枪，如图 2-6 所示。

国家电网公司
STATE GRID
CORPORATION OF CHINA

交流充电枪

▪ 交流充电供电接口和车辆接口应符合GB/T 20234.2—2015。

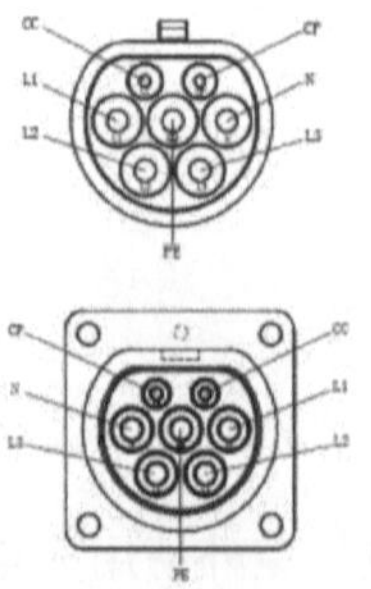

触头编号/标识	额定电压和额定电流	功能定义
1——（L1）	250 V　10 A/16 A/32 A	交流电源（单相）
	440 V　16 A/32 A/63 A	交流电源（三相）
2——（L2）	440 V　16 A/32 A/63 A	交流电源（三相）
3——（L3）	440 V　16 A/32 A/63 A	交流电源（三相）
4——（N）	250 V　10 A/16 A/32 A	中线（单相）
	440 V　16 A/32 A/63 A	中线（三相）
5——（⏚）	—	保护接地（PE），连接供电设备地线和车辆电平台
6——（CC）	0 V～30 V　2 A	充电连接确认
7——（CP）	0 V～30 V　2 A	控制导引

23

图 2-5　交流充电接口

国家电网公司
STATE GRID
CORPORATION OF CHINA

直流充电枪

▪ 直流充口车辆接口应符合GB/T 20234.3—2015。

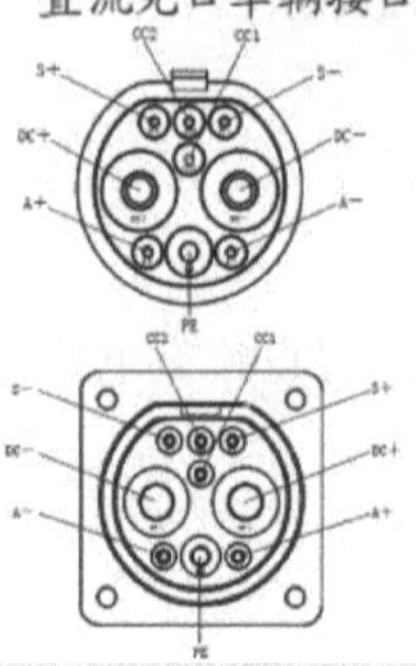

触头编号/标识	额定电压和额定电流	功能定义
1——（DC+）	750 V/1000 V 80 A/125 A/200 A/250 A	直流电源正
2——（DC−）	750 V/1000 V 80 A/125 A/200 A/250 A	直流电源负
3——（⏚）	—	保护接地（PE）
4——（S+）	0 V～30 V　2 A	充电通信CAN_H
5——（S−）	0 V～30 V　2 A	充电通信CAN_L
6——（CC1）	0 V～30 V　2 A	充电连接确认
7——（CC2）	0 V～30 V　2 A	充电连接确认
8——（A+）	0 V～30 V　20 A	低压辅助电源正
9——（A−）	0 V～30 V　20 A	低压辅助电源负

24

图 2-6　直流充电接口

（四）按安装方式分类

充电机按照安装方式分类，可分为：落地式充电机，如图 2-7 所示；壁挂式充电机，如图 2-8 所示。

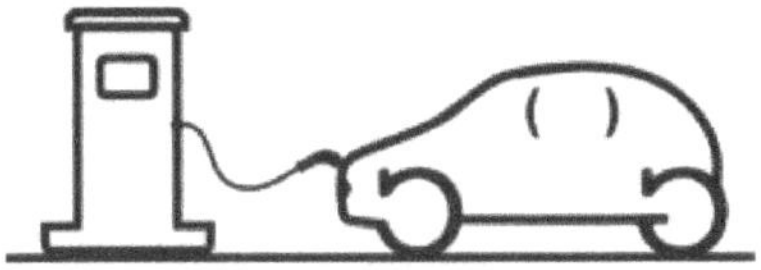

图 2-7　落地式充电机

图 2-8　壁挂式充电机

（五）按结构形式分类

充电机按照结构形式分类，可分为：分体式充电机，如图 2-9 所示；一体式充电机，如图 2-10 所示。

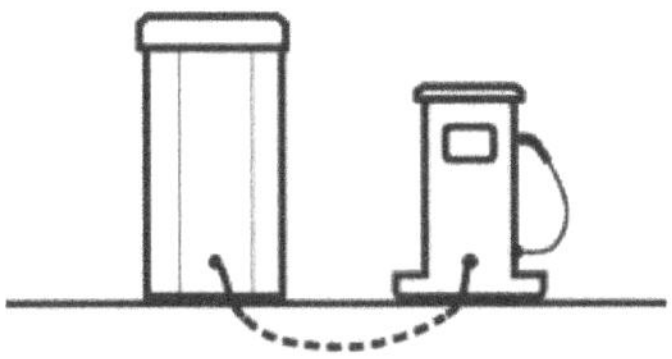

图 2-9　分体式充电机

图 2-10　一体式充电机

（六）按车辆插头数量分类

充电机按照车辆插头数量分类，可分为：一机一充式充电机，如图 2-11 所示；一机多充式充电机，如图 2-12 所示。

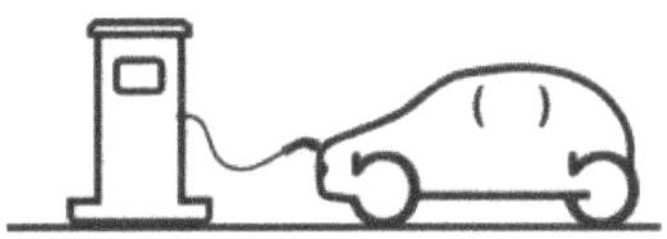

图 2-11　一机一充式充电机

说明：图 2-11 以落地、一体式为例。

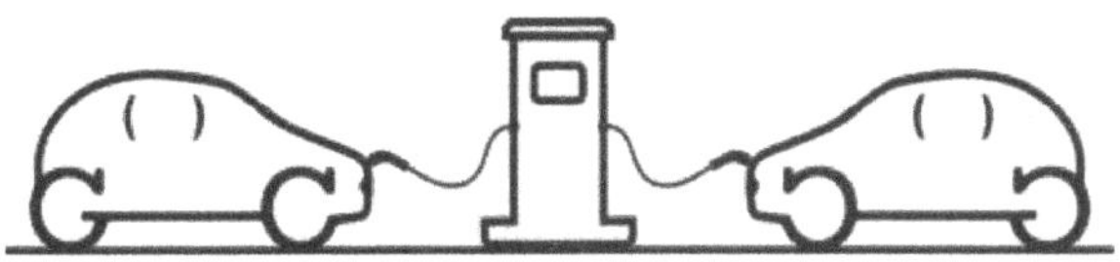

图 2-12　一机多充式充电机

说明：图 2-12 以落地、一体式、两个车辆插头为例。

第四节 相关标准与政策

2001年，我国政府提出了电动汽车重大专项“八六三计划”，构建“三纵三横”研发格局，国家投入资金8亿元，外加地方资金，合计24亿元。2005年，《政府工作报告》明确“鼓励发展节能环保型汽车”。2007年，我国发布《中国应对气候变化国家方案》，这是我国第一部应对气候变化的全面的政策性文件，提出“研究鼓励混合动力汽车、纯电动汽车的生产和消费政策”。为促进汽车产品技术进步，保护环境，推进能源节约和可持续发展，鼓励企业研究开发和生产新能源汽车，国家发展改革委颁布了《新能源汽车生产准入管理规则》，确定了新能源汽车的范围，对生产新能源汽车企业的生产能力和设计开发能力等做了具体规定。2007年，国家发布《新能源汽车生产准入管理规则》，明确了新能源汽车含义，并设立了十五项具体市场准入要求。2009年，国务院原则上批准产业振兴计划，第一次正式提及新能源汽车战略，政府投入100亿元推动产业化进程。财政部、科技部公布了20个示范推广城市，进行新能源汽车示范推广试点工作。2010年，将示范推广试点城市扩充到25个。2009年3月，国务院办公厅发布《汽车产业调整和振兴规划》，提出了电动汽车产销形成规模的重大战略目标。2009年6月，工业和信息化部发布《新能源汽车生产企业及产品准入管理规则》，明确了新能源汽车生产商必须掌握驱动、能源与控制系统等三个系统中一项关键技术。2010年10月，国务院发布《关于加快培育和发展战略性新兴产业的决定》，明确将新能源汽车列入战略性新兴产业范围。2011年2月，我国发布实施《中华人民共和国车船税法》，对节约能源、使用新能源的车船可免减征或者免征车船税。2011年3月，《中华人民共和国国民经济和社会发展第十二个五年规划纲要》，将新能源汽车列为战略性新兴产业之一，表明重点发展插电式混合动力汽车、纯电动汽车和燃料电池汽车技术，积极推进产业化进程。2012年《国务院关于印发节能与新能源汽车产业发展规划（2012—2020年）的通知》明确要加快充电设施建设，引导企业创新商业模式，推动公共服务领域率先推广应用，完善新能源汽车推广补贴政策，给予新能源汽车税收优惠，制定充电设施发展规划和技术标准，完善城市规划和相应标准，完善充电设施用地政策。完善充电设施标准体系建设，制定实施新能源汽车充电设施发展规划，鼓励社会资本进入充电设施建设领域，积极利用城市中现有的场地和设施，推进充电设施项目建设，完善充电设施布局等多方面促进新能源汽车的快速发展。

2013 年 8 月，国务院发布《关于加快发展节能环保产业的意见》，对新能源汽车的示范范围、技术创新、电池技术创新、配套设施建设等给出意见。2014 年 5 月，国家电网公布向社会资本开放分布式电源并网工程和电动汽车充电设施两个市场领域，吸引社会资本参与充电基础设施建设。2014 年 7 月，国家发展改革委发布《关于电动汽车用电价格政策有关问题的通知》，明确了针对纯电动汽车充电的电价优惠，降低消费者用电成本。2014 年 10 月，国家发展改革委、环境保护部、财政部、交通运输部、质检总局等 12 部委联合发布《加强“车、油、路”统筹，加快推进机动车污染综合防治方案》的通知，中央国家机关以及新能源汽车推广应用城市的政府机关及公共机构购买的新能源汽车占当年配备更新汽车总量的比例不低于 30%，以后逐年扩大规模。2014 年 11 月，国家发展改革委发布《新建纯电动乘用车生产企业投资项目和生产准入管理的暂行规定（征求意见稿）》，规定了新建纯电动汽车制造企业市场准入标准。

2015 年 4 月，《关于 2016—2020 年新能源汽车推广应用财政支持政策的通知》发布，进一步明确四部委在全国范围内开展新能源汽车推广应用工作，中央财政对购买新能源汽车给予补助，实行普惠制。2015 年工业和信息化部印发了关于《锂离子电池行业规范公告管理暂行办法》的通知，全面加强锂离子电池行业管理，推动锂离子电池产业持续健康发展。2015 年 10 月，国家发展改革委、国家能源局、工业和信息化部、住房和城乡建设部印发《电动汽车充电基础设施发展指南（2015—2020 年）》。根据各应用领域电动汽车对充电基础设施的配置要求，经分类测算，建设充电站。2016 年住房和城乡建设部印发《关于加强城市电动汽车充电设施规划建设工作的通知》，通知要求原则上，每辆电动汽车要有一个基本充电车位，每个公共建筑配建停车场、社会公共停车场具有充电设施的停车位不少于总车位的 10%，每 2000 辆电动汽车至少配套建设一座快速充电站，满足不同领域、不同层次电动汽车充电需求，支持和促进电动汽车推广应用。

近年来，新政策也不断调整，2022 年住房和城乡建设部发布《城市居住区规划设计标准》《完整居住社区建设标准》《电动汽车分散充电设施工程技术标准》等一系列标准规范，明确了“新建住宅配建停车位应 100% 建设充电设施或预留建设安装条件”的规定，制定了充电设施的规划选址、供电系统、配套设施、竣工验收等方面标准，进一步完善顶层设计，为地方工作提供了指引和依据。2022 年《关于延续新能源汽车免征车辆购置税政策的公告》发布，明确对购置日期在 2023 年 1 月 1 日至 2023 年 12 月 31 日的新能源汽车，免征车辆购置税。2022 年国家发展改革委、国家能源局等 10 个部门联合印发《国家发展改革委等部门关于进一步提升电动汽车充电基础设施服务保障能力的实施意见》（以下简称"《意见》"），《意见》从七个大项二十一小项，严格落实各个部门的职责分工，将进一步提升我国电动汽车充电保障能力，形成适度超前、布局均衡、智能高效的充电基础设施体系，能够满足超过 2000 万辆电动汽车充电需求。

2022 年以来，浙江省多次印发关于充电桩推广的文件，其中由浙江省交通运输厅、浙江省能源局和国网浙江省电力有限公司联合印发《浙江省加快推进公路沿线充电基础设施建设行动实施方案》中明确 2025 年年底前，全省基本形成公路沿线充电基础设施重要部位全覆盖，高速公路服务区全覆盖。2022 年衢州市住房和城乡建设局、衢州市自然资源和规划局、衢州市发展和改革委员会、衢州市消防救援支队、国网衢州供电公司联合印发《〈衢州地区住宅小区供配电设施建设技术管理规定（2022 年修订）〉的通知》，通知中对小区充电桩进行了建设技术规定，要求新建住宅小区要 100% 预留充电桩安装条件，小区内公共车位 100% 安装充电桩，作为验收投产条件，同时通知也明确规定，个人充电桩表后线应控制在 50 米以内，部分可适当延长，但不应超过 80 米，该文件有效解决居民个人充电桩报装难、接电难等问题，对电动汽车的发展起到关键作用。

关于充电接口的标准不统一问题，我国在 2006 年就发布了 GB/T 20234—2006《电动汽车传导充电用插头、插座、车辆耦合器和车辆插孔通用要求》（已废止），详细规定了充电电流为 16A、32A、250A 交流和 400A 直流的连接分类方式，该标准主要借鉴了国际电工委员会（IEC）2003 年提出的标准，但是未规定充电接口的连接针数、物理尺寸和接口定义。2011 年的标准基于 2006 年的充电桩标准 GB/T 20234—2006，完善接口说明，统一直流充电协议，是运营的充电桩和电动汽车接口标准，主要分为三个方面：通用要求、交流与直流、充电机与 BMS 通信，具体如下：GB/T 18487.1—2011《电动汽车传导充电系统 第 1 部分：通用要求》；GB/T 20234.1—2011《电动汽车传导充电用连接装置 第 1 部分：通用要求》；GB/T 27930—2011《电动汽车非车载传导式充电机与电池管理系统之间的通信协议》。GB/T 18487.1—2015 是关于充电桩的最新国标，其中有直流快充与交流慢充接口的详细引脚定义。2015 年国家标准同 2011 标准一样，也从三个方面：通用要求、交流与直流、充电机与 BMS 通信来规定，2015 标准修正和补充了 2011 标准中的不足，主要是解决车与桩兼容性问题，和解决使用中的安全问题。保证充电流程都是“唯一”的，让每个充电桩与电动汽车都可以安全可靠的充电。

2020 年 5 月 12 日，由工业和信息化部组织制定的 GB 18384—2020《电动汽车安全要求》、GB 38032—2020《电动客车安全要求》和 GB 38031—2020《电动汽车用动力蓄电池安全要求》三项强制性国家标准由国家市场监督管理总局、国家标准化管理委员会批准发布，于 2021 年 1 月 1 日起开始实施，是综合中国电动汽车产业的技术创新成果与经验总结，与国际标准法规进行了充分协调，对提升新能源汽车安全水平、保障产业健康持续发展和保障人民群众生命财产安全具有重要意义。GB 18384—2020《电动汽车安全要求》强化了整车防水、绝缘电阻及监控要求，降低车辆在正常使用、涉水等情况下的安全风险，同时优化了绝缘电阻、电容耦合等测试试验方法，以提高试验检测精度，保障整车高压电安全。GB 38031—2020《电动汽车用动力蓄电池安全要求》作为电动汽车关键零部件的强制标准，可规范锂离子电池单体、电池包或系统的检测，并作为产品的准入法规。这三部标准的出台极大提升了电动汽车的安全性。

在政府各项政策及相关标准出台的鼓励和支持下，国内各汽车制造企业发展纯电动汽车的热情高涨，对其发展抱有美好的预期，加速新车的推出和产能的扩充。

本书附录部分介绍了充电设施标准体系与充电设施相关政策。充电设施标准体系包括 160 项国（行、团）标；浙江省能源业联合会 CEC 3 项；中央充电设施相关政策 19 项，涵盖新能源汽车推广补贴政策、电动汽车充电基础设施发展指南、电动汽车充电基础设施建设指导意见等；浙江省充电设施相关政策 12 项，浙江省各地市政府充电设施相关政策 28 项。

第三章
设施建设和营销

第一节 调研分析

一、客户群体分析

（一）公共充电桩

1. 公共停车场充电桩

公共停车场充电桩用户群体主要包括网约车、出租车、公交车、车辆运营公司用车、私人乘用车等。充电需求特点为使用频次高，需求固定，充电需求大。私人乘用车一般在自有固定车位建桩充电，在公共停车场补电，部分私人乘用车车主无自有固定车位的，一般选择在公共停车场充电。网约车、出租车充电需求基本为白天快充补电、晚上慢充充电，此类车辆日常行驶时间较长，行驶路线不规则，没有固定的充电站点，全天有两个充电需求高峰时段，分别是中午补电、午夜运营结束后充电。为保证车辆连续运营，缩短车辆充电时间，中午补电一般在城市公共充电站中使用快充，晚上运营结束后返回家中使用私人充电桩慢充。网约车、出租车为社会公共停车场充电站的最主要客户群体。2022 年，全国合计增加新能源汽车 554.9317 万辆，其中出租网约车达到 59.9017 万辆，占比为 10.79%，而新能源公交车有 4.615 万辆，占比仅有 0.83%，可见出租网约车充电需求相比新能源公交车有更大的市场。

2022 年 9 月 5 日，湖州市新能源汽车推广办向浙江省发展改革委提交《湖州市新能源汽车推广办关于小区电动汽车（公共充电桩）集中充电电价政策请示》（湖推广办〔2022〕15 号），申请小区电动汽车公共充电桩电价政策按照

《省发展改革委关于电动自行车集中充电电价政策有关事项的通知》（浙发改价格函〔2022〕80号）执行，申请理由如下所述。一是小区公共充电桩享受居民电价是基本公共服务均等化的体现。小区特别是老小区充电桩安装受电力容量、电缆通道条件、小区路面开挖难、墙体穿越、人防防护、消防安全等因素制约，居民个人充电桩安装难将是一个长期问题，部分小区居民因无固定车位、暂不具备施工条件等很难安装居民个人充电桩，因而小区公共充电桩是民生基本公共服务的组成部分，需要省发展改革委参照小区居民充电桩给予相对平等的电价优惠，各地市再给予一定的投建支持并收取较低的充电服务费，利于比较系统地保障老小区基本公共充电服务。二是目前小区公共充电桩因成本过高，被群众投诉较多。供电公司积极落实国家和浙江省电动汽车充电配套的建设，在浙江推进小区公共桩"统建统营"试点，但因执行的是大工业电价，被小区用户投诉充电价格过高，与小区居民充电桩电价相比，差距过大；运营单位通过调研发现居民返回小区充电的时间段多在电价高峰期，成本在1.2元左右，无法采取"居民电价＋少量服务费"的方式。三是老小区公共充电桩与小区外公共运营充电站基本不冲突。小区公共充电桩车位紧缺，能布设数量相对有限。老小区的停车位紧张，由街道（社区）、业主委员会、物业等协调并经公示能够开放出来的安装小区公共充电桩的公共车位数量极为有限。以某市某老旧小区为例，该小区有1000户，在小区改造过程中，经过建设局、推广办、街道协调，只腾出了4个车位安装公共充电桩；由于老旧小区电力容量的限制，大功率快充桩建设受到限制。小区物业与某市供电公司多次会商、对接，供电公司对老小区公共充电桩基本上最大只能保障30千瓦的接入容量，且还要取决于所在车位附近配套电力设备的承受能力。这与市场上普遍运营的60千瓦及以上的公共运营充电需求基本冲突。另外，老小区公共充电桩受条件约束投建回收成本周期长，对外开放较困难。新能源汽车充电桩作为公共基础设施和新基建的项目，需要较大的投资和专业的运维管理，因而政府在电价政策、投建政策方面有必要给予一定的支持。

2022年10月27日，浙江省发展和改革委员会发文《省发展改革委关于小区电动汽车集中充电设施电价政策的复函》（浙发改价格函〔2022〕621号）明确，居民住宅小区中设置的集中充电设施用电，执行居民用电价格中的合表用户电价，并执行峰谷分时电价。不满1千伏用户的高峰、低谷电价水平分别为每千瓦·时0.588元、0.308元，1～10千伏及以上用户高峰、低谷电价在不满

1千伏用户价格基础上相应降低2分钱执行，峰谷时段与居民用电峰谷时段相同。浙江省这一电价政策变更对于私人乘用车充电需求市场是一大利好消息。

2022年，全国合计增加新能源汽车554.9317万辆，其中私人乘用车增量高达407.0335万辆，占比高达73.35%，私人乘用车为新能源汽车市场的绝对主力军。可见，要解决当前社会充电难问题，关键是解决私人乘用车在居民住宅区的充电问题。

2. 高速及公路沿线服务区充电桩

私人乘用车是高速、国道、省道周边等道路场所的充电主力军，货车、大客车也是高速、国道、省道周边等道路场所的充电重要群体。高速、国道、省道周边等道路场所充电需求特点为充电需求不固定，节假日期间充电需求大，日常充电需求一般。近年来，中国新能源汽车产业迅速发展，电动汽车个人消费高速增长，但也带来“成长的烦恼”。假期大量电动汽车车主在高速服务区排队数小时等待充电的新闻报道，既反映了车主们难以缓解的补能焦虑，也反映出高速路网在电动汽车续航补给方面存在一定短板。自2015年以来，国务院及相关部委先后发布系列指导文件，加速推进电动汽车充电设施建设布局，并对高速公路服务区充电设施建设、规划等做出明确要求。与此同时，各省份也陆续印发实施方案、布局规划等，加快建设服务区充电设施，着力构建布局合理、功能完善、智能高效的高速公路充电网络。从建设数量上看，截至2022年4月，全国6825个高速公路服务区（含停车区）已建成充电站3102座、建成充电桩约13374台，服务区充电设施覆盖率约45%。其中，国家电网作为目前服务区领域最大的充电设施建设运营主体，累计在高速公路服务区建设充电站2265座，运行充电桩10308台，建成了“十纵十横两环”的高速公路快充网络，经营区域覆盖除黑龙江、吉林、西藏、新疆以外的所有省份。可以说，在各方的大力推动下，高速公路充电设施建设近年来取得显著进展，但也应看到，与新能源汽车发展的强劲态势、社会公众的美好出行需求等相比，现有的高速公路充电设施网络体系还需要持续完善。根据新能源汽车国家监测与管理平台的监测数据，2021年新能源汽车的高速公路出行总里程超9亿千米，同比增长80%，其中“五一”“十一”等国家法定节假日期间的出行里程约2亿千米，仅“十一”期间的出行里程就达到6千万千米，为日均出行里程的3.4倍。在节假日高速公路车流量激增、现有充电设施服务保障能力不足等因素的综合作用下，节假日电动汽车高速充电难问题越发突出，加快充电设施建设成为解决电动汽车长途出行痛点的重要发力方向。当前，我国新能源汽车保有量连年增长，市场渗透率持续提升，据行业专业机构的预测，2025 年国内新能源汽车的市场渗透率有望达到 25%。但作为新能源汽车产业发展的重要一环——充电设施建设却相对缓慢，2021 年我国的车桩比约为 2.7 ∶ 1，远低于《电动汽车充电基础设施发展指南（2015—2020）》规划的 1 ∶ 1 的指标（2020 年目标）。对充电设施建设难度相对较大、运营成本相对较高的高速公路服务区而言，保有量仍存在较大缺口。从区域分布来看，全国高速公路服务区充电基础设施主要集中在京津冀、长三角、珠三角等东部地区，上海、江苏、浙江、安徽、江西、福建、河北、广东等地的服务区充电设施覆盖率超过 80%。西部及东北地区的服务区充电设施覆盖率较低，黑龙江、甘肃、辽宁的覆盖率分别为 6%、12%、15%。

由于高速公路具有全封闭运营、线长面广等特点，所以其发展充电设施既面临普通区域充电设施建设难、运营难、营利难的共性问题，又要解决因区域特殊性带来的其他问题。因而，制定相关发展规划，细化建设任务，强化政策保障，创新探索建设盈利模式，破除高速公路充电设施发展的樊篱，完善高速公路充电网络布局成为当务之急。

综合供能站是一种新型交通能源供应站，集电能、天然气及清洁油品等供给服务功能于一体，兼具交通、旅游等配套服务的新型智慧公共基础服务设施。综合供能站具有功能综合、土地集约、清洁环保等优势，是一种供能服务新业态、新模式。综合供能站的建设被列入浙江省 2019 年 16 大民生工程之首。综合供能站不仅能满足对应营运半径范围内客运汽车、私家车对汽柴油的需求，还方便过往居民的电动汽车出行充电，解决多样化的民生需求，进一步完善集镇配套设施，对于优化区域能源布局、改善人居环境、实现绿色发展，具有里程碑意义。

（二）专用充电桩

1. 私人车位充电桩

私人乘用车主要为新能源私家车，充电需求特点为使用频次不高，需求固定，公共充电站点充电需求不大。私家乘用车车主一般选择在其住宅区固定车位建桩，最常见的充电场景为下班后回家充电，一般选择在夜间谷电时段充电。

2. 电动公交车充电桩

电动公交车主要是纯电动公交车，全部使用电能行驶，该类车噪声小，行驶稳定性高，并且实现零排放。电动公交车是“八六三计划”提出新一代电动汽车技术作为中国汽车科技创新的主攻方向，计划在“十一五”期间，以电动汽车的产业化技术平台为工作重点，力争取得重大突破，抢占新一代电动汽车产业技术制高点，实现交通能源结构的多元化，维护国家能源安全，减轻汽车排放污染，保障社会可持续发展，提高我国汽车工业的自主创新能力，实现汽车工业的跨越式发展。

电动公交车在公交车中的占比越来越高，且呈持续增长趋势，电动公交车的充电需求固定，一般在夜间统一充电，日间分批次补电，需求固定，日间补电对充电速度要求高，需要快速补电，所以公交公司自有场地建桩一般均为快充桩。

3. 单位内部充电桩

单位乘用车主要为单位的公车，充电需求特点为使用频次固定，需求固定，充电需求较大，充电地址固定，一般情况下选择在自有场地建站。2022年，全国范围内新增单位乘用车共计54.765万辆，占全国新能源新增车辆的9.87%，相对增幅较大。单位公车逐渐新能源化，占比日渐增加，企事业单位内部配备充电桩已经越来越普遍。

4. 特种车辆充电桩

特种车辆主要为环卫、邮政、快递物流车、中重型货运专用车等，充电需求特点为使用频次高，需求固定，充电需求大，一般情况下选择在自有场地建站。

二、运营模式及运营商分析

（一）直营模式

直营模式有两种模式：第一种是由用户直接投资建设充电桩，并自行运营管理；第二种是由运营商与物业公司、商业地产公司等合作，由物业公司、商业地产公司等提供场地，运营商投资建设充电桩，并负责运维管理。该模式将充电站建设纳入产业链、服务链建设的一部分，优势在于以经济效益化为目标，提高经营管理水平。充电站建设周期一般为3～6个月，充电桩的建设运营会产生大量支出，资金依赖性较高，且车位选址、布线改造和运营管理都具有一定难度，服务费的收取仍然为其主要盈利来源。

近年来，多地政府重视电动汽车充电设施规划。运营商可与政府联动谋划，合理规划城市电动汽车及相关产业的布局，由政府提供项目资源、场地，运营商负责建设及运营管理，采用政策驱动和资源优势结合的方式实现优势互补、合作共赢。

除了以上两种常规直营模式外，在充电市场激烈的竞争环境下，部分充电运营商因为运营策略偏差、资金链断裂等被迫退出充电市场，而前期其负责运营的充电站点将面临闲置甚至荒废。实际上，这些闲置站点同样拥有良好的市场价值，收购者可以对其收购。相对新建站点，闲置站点具有如下优势：一是投资成本有所降低，闲置站点已经完成了电力配套设施、充电桩土建基础，甚至站点雨棚的建设，收购者前期基本只需投资充电桩设备费用；二是闲置站点不涉及各类政府审批手续；三是闲置站点被收购前，已积累一定的客户群体，闲置站点重新投运后，在客户群体数量上的起点要优于新建站点，可以节省部分营销宣传费用。此外，老客户在使用新运营商的充电桩时，充电体验上必然会与前运营商做比较，新运营商在站点恢复投运期间，适当开展一定充电优惠活动，可以快速增强客户黏性，进一步扩大客户基数。

例如，A 充电设施运营商充当技术咨询的角色，向用户或者合作方提供整套的技术支撑，如整体性解决方案或者工程 EPC 服务，用户或合作方向 A 充电设施运营商支付必要的费用。A 充电设施运营商通过技术咨询或工程建设 EPC 的方式获得收益。这种收益属于一次性收入，其收入与工程量的大小有关。关于充电设施的投资收益与亏损全部由合作方或者用户承担。

实际操作中，用户或合作方只需提供资金，对充电设施享有所有权。其建设和管理、日常运营可以全部委托给 A 充电设施运营商，A 充电设施运营商可以收取委托方一定的费用。运营商模式如图 3-1 所示。

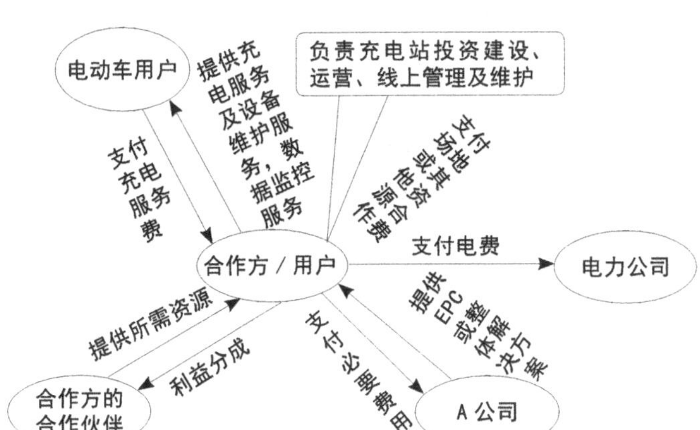

图 3-1　运营商模式

（二）加盟模式

加盟模式是由运营商将品牌、技术、运营经验等授权给加盟商，由其自行投资建设充电桩并运营。合作模式不同，具体的合作方式和合作对象也会有所不同，但都是为了实现运营商充电桩的快速布局和服务覆盖。

例如，与大型商厦、加油站等场地方合作。这些地方拥有场地资源优势，并且也都在积极地找寻合作伙伴开发充电桩业务，期望通过服务的多样性吸引客流，提高场地的使用效率。运营商可以选择与这些机构合作，通过收益分成或者以场地租赁的模式开展合作，在这些场地上建设充电场站，一方面市场化运营盘活场地方的固定资产；另一方面对运营商而言这也是更好地将土地、能源与技术合理结合的方式，让充电桩业务的发展范围更加广，面向消费者的场所更加多样化，拉近与消费者的距离。

与租赁公司合作，网约车行业和共享汽车行业作为互联网平台与实体行业融合发展的典型业务，近年来的发展可见一斑。网约车和共享汽车所使用的交通载体大部分都是电动汽车，这些行业的兴起让整个电动汽车市场对充电桩的需求进一步提升。运营商可以与这些企业合作，为其提供专用的充电场站，以此提高这些企业电动汽车的充电效率，减少其用电高峰期的充电量，降低充电费用。

利益分成模式主要是指通过利益分成协议的方式与合作方或者资源提供方共享利益。在此模式下，充电设施的投资建设、运营、线上管理及维护等都由A充电设施运营商负责。合作方负责提供充电设施建设的资源，如技术、电力和土地资源、品牌、人力、资金、充电设施网络、客户资源、信息互联网等，甚至负责协调充电站建设、提供场地、准备充电站备案相关资料，以及维护客户关系等。

过程中，A充电设施运营商使用合作伙伴的必要资源，向电动汽车充电用户收取电费和充电服务费。A充电设施运营商与合作方签署利益分成协议，与供电公司签署供电协议。按照协议约定，电费由A充电设施运营商向供电单位缴纳。其中，服务费是向电动汽车充电用户提供资源便利的充电服务和其余增值服务而创造的价值。在确保A充电设施运营商项目利润的情况下，向合作方支付合作分成费用，具体包括场地等核心资源使用费用、渠道拓展费用等。

在合作过程中，充电服务一般与合作方的资源具有正相关性。例如，一个需要充电的电动汽车客户也是一个需要停车的客户，或者对合作方来说是一个传统的客户。在这种合作模式下，A充电设施运营商与合作方建立了多角度稳固的客户关系，为合作方带来额外的增值服务，提高了合作方收益。这种模式是A充电设施运营商最基本的商业模式。利益分成模式如图3-2所示。

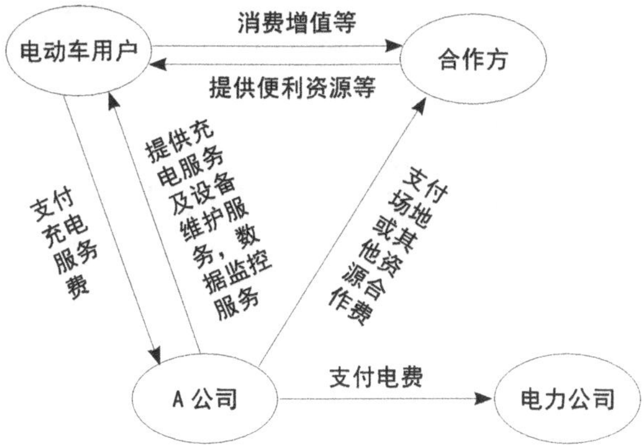

图3-2　利益分成模式

在充电市场经营模式中，因为投资成本、经营能力等，充电站点实际投资主体与运营主体非同一主体，两者间往往存在委托运营关系，通常是前者委托后者利用目标资产开展电动汽车充电业务，后者收取充电业务电费、服务费或充电设施运营补贴，且有权根据市场情况调整、确定充电业务服务价格，这就是委托运营模式。若运营主体有较为专业的市场运营策略手段，甚至同时掌握多个区域的站点运营权，通过充电资源聚合，可开展更具影响力的运营宣传活动，以提升区域范围内充电站点的运营水平。

从法律上看，委托经营是信托范畴的延伸和发展，但在具体内涵上又有区别。信托的内涵是资产的委托管理，是以受托人的名义代为管理或处理财产；而委托经营的内涵是企业的委托经营，主要以企业产权及其经营权为对象，把陷入经营困境或发生产权关系重大变动的企业委托给专门的托管机构经营管理，目的是改善企业的经营管理，提高企业的盈利能力。

国家电网有限公司授权省级电动汽车公司采用灵活的经营策略、丰富的服务产品及与龙头企业合作、优化网络布局等市场化方式运营充电桩业务，把资源优势变为竞争优势，有助于促进充电设施利用率和运营收益提升。

另外，可在充电领域构建关联领域加盟模式，公开招募“城市合伙人（见图3-3）”“供应链合作伙伴”“技术合作伙伴”“其他合作伙伴”，利用其平台技术、客户流量来实现关联产业、上下游供应链资源整合，从传统服务费盈利模式拓展出多元盈利手段。

图 3-3 城市合伙人

（三）共建运营模式

共建运营模式是由运营商与其他充电桩运营商、电力公司、企业等合作，在共同投资建设充电桩的同时，实现资源共享、运营合作等。合作方已有的充电桩场站接入运营商平台，运营商为合作方提供流量分发引擎、充电派单算法、平台大数据等方案。与此同时，运营商需要通过广告营销、APP 宣传等方式增加公司充电桩设备在城市消费者心中的认知程度，提高公司充电桩业务的品牌知名度和其在消费者心中的选择倾向，为公司后续持续发展奠定基础。

例如，A 充电设施运营商与合作方合资成立公司，通过合资公司对外投资和经营，建立 A 充电设施运营商与合作方共享合资股东收益的方式。此模式下，A 充电设施运营商与合作方成立独立法人的合资公司。通过独立的合资公司，A 充电设施运营商完成对充电设施的投资建设、运营、线上管理及维护等工作。合资共享收益模式如图 3-4 所示。合作双方借助自身优势及资源提供优势，确定合资公司的治理权。双方股东负责提供充电设施建设的资源，如技术、电力和土地资源、品牌、人力、资金、充电设施网络、客户资源、信息互联网等，甚至包括协调充电站建设、提供场地准备充电站备案相关资料，以及维护客户关系等。过程中，按照《中华人民共和国公司法》规定双方委派队伍管理合资公司，一切营收和亏损都由合资公司承担。双方股东可以对合资公司的管理层设定绩效指标。

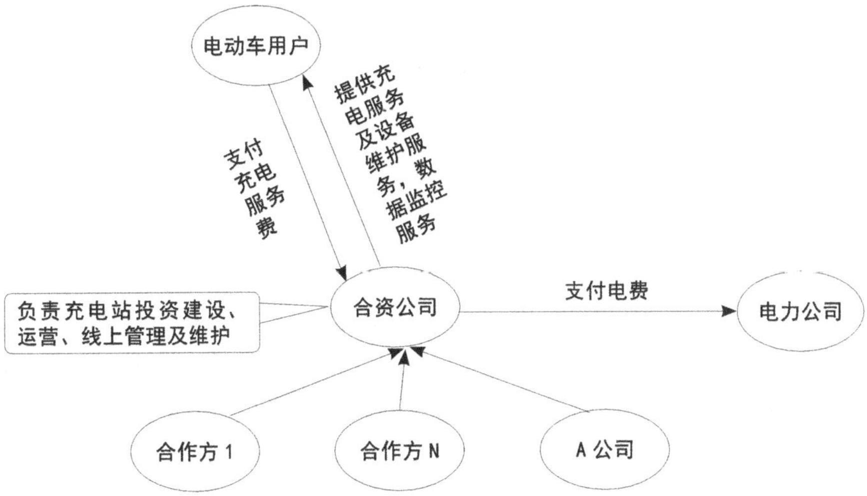

图 3-4　合资共享收益模式

在合作过程中，合作方可以是一家公司，也可以是多家公司，甚至是具有关联方的几家公司合资。在这种模式下，几方强势资源形成互补。例如，A 充电设施运营商、电力公司、公交公司三方合资成立独立运营的合资公司，由合资公司负责公交充电设施的运营，其很好地利用了 A 充电设施运营商提供的充电设施建设的技术、方案、资金、经验等，也很好地利用了电力公司的电力资源，同时很好地利用了公交公司的客户资源和场地资源，形成资源的优势互补，几个合作方可以通过合资公司的经营实现利益共享。

三、用地模式分析

场地方（如物流园、停车场、政府、医院、商场等）具备安装充电设施条件的，和经营方（充电桩运营商、充电桩厂家、社会资本等）签订场地租赁合同，经营方定期支付场地方租赁费，充电桩经营所得全部归经营方单独所有。该模式是最常规的一种商业模式，场地方只负责租赁充电站、停车位、广告牌等位置，获得的是一种较为稳定的收益，经营方需要通过好的营销策略和提升充电量获得服务费等收益。下面列举一些常见的划分租赁场地的方式。

1. 按场地的服务等级划分场地

第一，建议从场地的断面客流量、规模、盈利水平与未来发展布局四个维度对场地进行分类。

第二，可综合考虑场地的特点，确定场地对应指标权重（见表 3-1）。

表 3-1　场地对应指标权重

评价指标	评价标准				
	9	7	5	3	1
断面客流量 / 人	每天流量≥ 30000	20000 ≤每天流量< 30000	10000 ≤每天流量< 20000	5000 ≤每天流量< 10000	每天流量< 5000
规模（占地面积 / 亩）	占地面积≥ 160	140 ≤占地面积< 160	110 ≤占地面积< 140	100 ≤占地面积< 110	占地面积< 100
盈利水平 / 万元	税前利润≥ 500	300 ≤税前利润< 500	100 ≤税前利润< 300	0 ≤税前利润< 100	税前利润< 0
发展布局	商业中心，有较强的辐射能力；住宅中心，满足充电需求的发展；对消费群体有影响力；新兴业务拓展有地理优势				

注：1 亩≈ 666.67 平方米。

第三，设置各评价指标的权重，如表 3-2 所示。

表 3-2　评价指标权重

评价指标	权重 /%
断面客流量	35
规模	10
盈利水平	40
发展布局	15

第四，综合评分辅助对场地租赁决策，如表 3-3 所示。

表 3-3　综合评分范围对应的场地等级类别

综合评分范围	建议场地等级类别划分
综合评分≥ 5.5 分	优质
3 分≤综合评分< 5.5 分	标准
综合评分< 3 分	一般

2. 按车流量划分场地

根据充电场地的车流量，将场地分为 4 类。

A 类场地：日均车流量 0 ～ 1000 辆。

B 类场地：日均车流量 1001 ～ 5000 辆。

C 类场地：日均车流量 5001 ～ 10000 辆。

D 类场地：日均车流量＞ 10000 辆。

3. 按租赁时间划分场地

根据充电场地的租赁面积，将场地分为 4 类。

日租类场地：按日计算场地租赁费。

月租类场地：按月计算场地租赁费。

季租类场地：按季度计算场地租赁费。

年租类场地：按年度计算场地租赁费。

4. 按租赁面积划分场地

根据充电场地的租赁面积，将场地分为 4 类。

小型场地：租赁面积 0 ～ 300 平方米。

中型场地：租赁面积 301 ～ 1500 平方米。

大型场地：租赁面积 1501 ～ 5000 平方米。

特大型场地：租赁面积＞ 5000 平方米。

5. 按场地充电量划分场地

根据充电场地的充电量，将场地分为 4 类。

普通场地：单桩日均充电量 0 ～ 20 千瓦·时。

标准场地：单桩日均充电量 21 ～ 70 千瓦·时。

优质场地：单桩日均充电量 71 ～ 200 千瓦·时。

特别优质场地：单桩日均充电量＞ 200 千瓦·时。

四、运营商运营模式分析

2020 年充电桩产业被国家纳入新型基础设施建设（新基建）（见图 3-5），充电桩产业的发展迈上了新的台阶，众多企业和资本将充电桩产业视为行业发展的下一个风口，其中不乏体量大、资金实力雄厚的头部企业。因此，在充电桩市场这一片蓝海中占据一席之地，对企业发展至关重要。

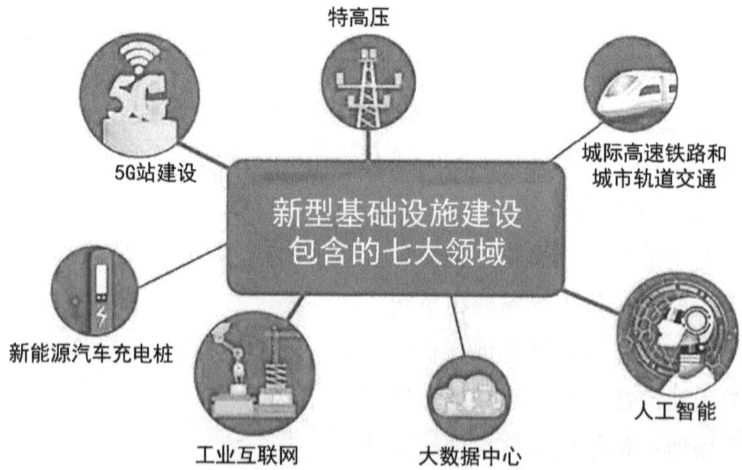

图 3-5 新型基础设施建设七大领域

下面对全国主要运营商运营模式进行案例分析，各运营商公共充电桩数量如图 3-6 所示。

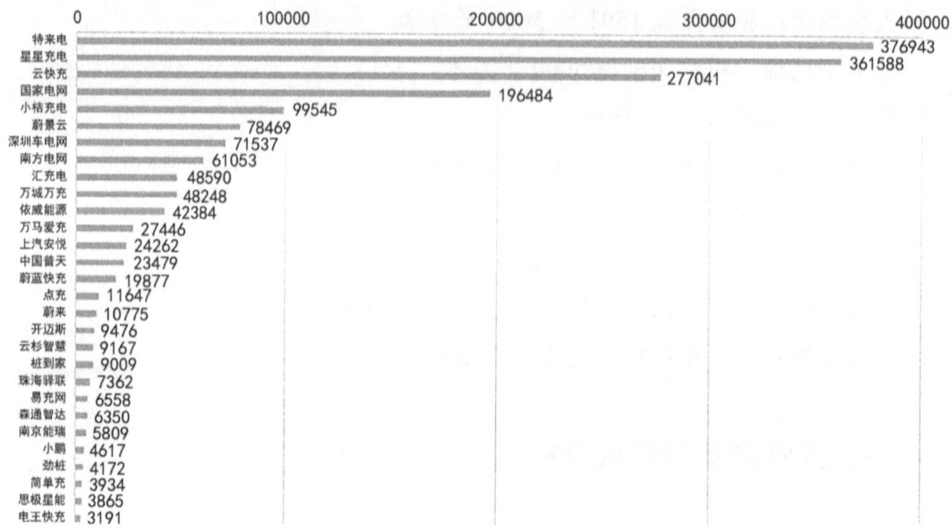

图 3-6 主要运营商公共充电桩数量（单位：台）

说明：数据来源于中国充电联盟。

由图 3-6 可知，全国约 94.0% 的充电桩来自规模排名前 15 的运营企业，分别为特来电约 37.7 万台、星星充电约 36.2 万台、云快充约 27.7 万台、国家电网约 19.6 万台、小桔充电约 10.0 万台、蔚景云 7.8 万台、深圳车电网 7.2 万台、南方电网 6.1 万台、汇充电 4.9 万台、万城万充 4.8 万台、依威能源 4.2 万台、万马爱充 2.7 万台、上汽安悦 2.4 万台、中国普天 2.3 万台、蔚蓝快充 2.0 万台，其他运营商仅占总量的 6.0%，充电桩运营行业保持明显的头部效应。建成运行的充电桩基本上形成特来电、星星充电、云快充、国家电网、小桔充电五方分立的市场格局。

（一）特来电

特来电的建站模式灵活，市场占有率高，得益于多种建站模式，从中国充电联盟发布的数据来看，其以拥有约 37.7 万台运营充电桩稳坐国内公共充电运营商头把交椅，不仅如此，特来电累计充电量达 166 亿千瓦·时，运营服务城市达 350 个，成立 210 家城市运营公司，可提供“7×24”售后服务，注册用户超 1000 万，无论是市场占有率还是充电量增速均是公共充电运营商行业第一，并且充电量增速远快于充电桩数量，主要得益于其利用率的提升。特来电 2014 年创立，截至 2020 年累计投资 80 亿元，研发投资 13 亿元。特来电掌握数千项知识产权，涵盖电动汽车群智能充电技术、光储充放一体化技术、新型电网技术、大功率自动充电技术等方向。

据了解，特来电 APP 下载量在安卓和 iSO 是最多的（见图 3-7），总下载量超 500 万，总用户数已超 240 万户。

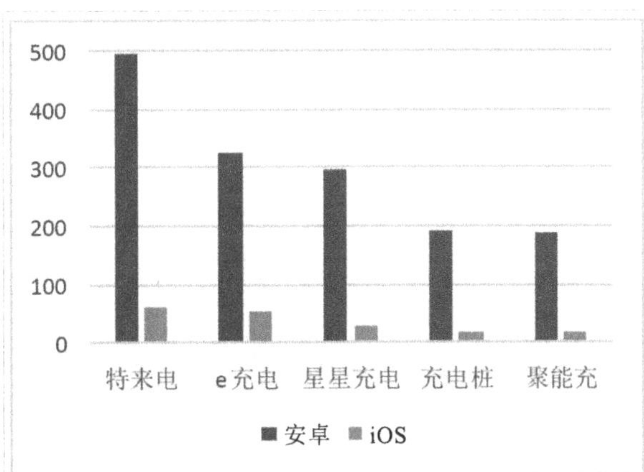

图 3-7　充电类型 APP 安卓、iOS 累计下载量（单位：万）

母公司特锐德在电气设备制造业积累深，生产的变电、配电、变压器等设备与充电桩设备硬件类似，所以特来电除了接受母公司的资金支持，设备也得到母公司的大规模供给，集设备生产、充电桩运营服务于一身，因此市场占有率较高。

（二）星星充电

星星充电拥有运营充电桩约 36.2 万台，更具有市场活力，市场占有率也从 2018 年的约 15% 快速上升到约 25%。

星星充电有如此大的市场占有率，原因在于其智慧运营管理系统。“哪里有车和用户，哪里就是用户充电的热点。”在星星充电创始人邵丹薇看来，充电连接着两大市场：上游接电，背后是一张容纳光、储、配售、双向充电等的能源互联网；下游接车，背后是一张以车联网、智慧交通、智能汽车等为主的产业互联网。充电设备，是两网互联互通的入口。物联网技术应用在充电网络上，把每个桩都连起来。创立之初，星星充电就把准了市场需求，为“桩连世界”的梦想摁下启动键。为织好充电网，星星充电逐渐形成“硬件 + 软件 + 服务”的“铁人三项”业务模式，并在移动能源领域率先提出“云管端”的业务形态。其中，“云”是软件平台，“端”是硬件设备，“管”是运维服务，大大减少了产业链上下游间的协同成本。星星充电的充电桩若出现问题，企业的远程智能监控平台立刻会收到信号，充电桩的出厂日期、安装时间、故障模型，乃至配件的批次等数据都能完整呈现，企业能快速给出解决方案。凭借突出的平台能力，星星充电获评国家能源局“互联网 + 智慧能源”示范企业，并入选国家级中小企业服务平台。以“未来交通电气化”为愿景，星星充电正计划打造面向电动汽车车主的数字化能源网络，真正实现“一端能源互联，一端产业互联”的战略目标。

星星充电是充电接口相关国标的参与制定者和国家充电基础设施促进联盟发起单位，参与了国内充电标准的起草，并且作为中国代表参与 IEC 国际电工委员会标准的起草。

选址上，星星充电的效能委员会通过 130 多个效率点的监测，分析数据，实现了“两高三低”模型。“两高”是运维决策选址的准确率高、运营的效率高，“三低”是投建成本低、运营成本低、运维成本低。2020 年，星星充电董事长邵丹薇在须弥山大会上演讲，“星星充电是到目前为止，唯一一个持续盈利的充电企业”。在如此高速的扩张之下依然持续盈利，可见其选址的科学性和运维的强大能力。

（三）云快充

云快充拥有运营充电桩约27.7万台。云快充是充电桩行业最早的一批探索者，致力为充电桩运营商、设备制造商、车辆运营商、用户等提供充电服务和能源管理综合解决方案。云快充也是唯一的纯第三方充电物联网平台企业，商业模式独特。企业在内部总结了“两个不”和“两个专注”：不产桩，专注充电物联网SaaS平台业务，保障平台服务的专业性；不建站，专注服务全国充电桩运营商，不与运营商争利益。基于“第三方平台”的商业模式和“与全国充电桩运营商共赢”的运营理念，云快充在厮杀激烈的充电桩市场中逐步建立自己的竞争壁垒：不产桩、不建桩，不会与平台上的充电桩运营商产生利益之争；打通了市面上绝大多数的充电桩品牌，能够给予运营商伙伴很高的选桩自由度；推进精细化运营产品，让充电桩运营商不仅可享受平台推送的全渠道公域流量，还能独享自家私域流量，双线并进提升运营效率。

（四）国家电网

国家电网大多数为自建运营模式，其自建运营充电桩约19.6万台，覆盖国内171个城市，按运营充电桩数量排名，为国内拥有充电桩数量第四大运营商。

1. 技术优势

国家电网作为电力供应商，与城市配电网的接入、电能提供有着密切的关系，而充电设施建设有很大一部分工程在配套电源接入，国家电网相较于其他运营商能更直接地勘查、选取相应的配套电源接入点，根据各个站点附近的配套电网容量、电压、电流等技术因素设计出配套电源接入充电桩的最佳实施方案，赋予充电站最安全、最稳定的供电可靠性。

2. 人才优势

国家电网注重人才培养，有大量的电力专业技术人才，专业分工明确，对于充电站的设计、建设和维护有专业的工作团队和工作流程，能够满足客户“一对一”的服务需求，与其他运营商相比有着明显的人才优势。

3. 资金优势

充电设施是重资产的产业，其核心业务对于运营商的资金规模要求较高，运营商有充足的资金则可加快市场开拓的进程。国家电网是大型国有企业，每年都有足够的预算用于充电基础设施建设，相较其他充电设施运营商，国家电网在充电桩投资上更有资本优势。

4. 服务网络优势

国家电网是大型国有企业，在全国二十几个省都有下属供电公司，只要在其供电范围内建设充电设施，都能提供优质的服务、先进的技术和充足的人力，这是其他运营商达不到的。

近年来，国家电网正在探索“充电桩+增值服务”的模式以拓展盈利模式和盈利效益。充电桩为车联网的重要入口，以大数据为基础增值服务可为整车厂商、出行公司等提供较高的商业价值，因此为国家电网重点关注的探索方向。

“车联网”平台是国家电网电动汽车服务有限公司建设，具备充电设施建设、运营、营销、能源等业务体系，结合电动汽车充电大数据技术实践应用，为公共充电、有序充电、V2G、个人桩建设、智慧能源等领域用户消费、业务发展提供支撑的平台。

（五）小桔充电

从数据来看，小桔充电拥有运营充电桩约 10 万台，位居国内第五。小桔充电是滴滴旗下数智化充电运营商，依托遍布全国的充电网络，致力于为电车车主打造便捷、可靠、快速、安全的充电服务体验，目前已覆盖城市 110 多个，合作商户 1800 多家。其重要经营模式为加盟模式，小桔充电有 SaaS 合作、直连合作、互通加盟三种运营模式。

第二节　选址分析

一、充电站的选址

充电设施的选址应结合城市电动汽车发展规划统筹考虑。公共充电站应选择在进出车辆便利的场所，辐射 5 千米范围内，具有大量的充电需求；专用充电站主要分布在公交公司、环卫所、物流基地等，满足特定车辆的充电需求。目前充电站选址多为人为主观选择，不同站点经营差异性较大，个别站点闲置率较高，可从人流量、车流量、交通拥堵状况、场地条件、舒适度、周边服务设施、充电车辆类型等维度进行评估，科学精准选址，提高新建充电站的利用率和经济效益。

二、选址核心原则

1. 区域分布

从区域分布来看，位于城区的商圈、学校、市政单位附近停车场受交通拥堵、停车位紧张等因素影响，在人流高峰期充电较为困难，而在人流低谷期受停车费影响，充电需求不足。位于住宅小区附近的停车场充电站，白天充电量较小，一般集中在晚 8 点钟后，对充电时间要求不高，对于充电设备需求较高，但充电量不大。位于郊区或城市周边的停车场充电桩，一般以过路补电为主，充电量也不大。

2. 选址合理性

从选址合理性来看，目前站点的确定主要依托人工现场调研。该方法受人为主观影响较大，且调研距离有限，无法对感兴趣区域全覆盖，对站址周边信息及竞争场站掌握情况不足，影响对站址的判断，从而导致充电站布点不合理，影响经营收益。

三、布点选址方法

（一）点位选址测评

围绕充电桩选址影响因素，从环境热度、需求潜力、竞争强度、建设条件及投入产出等入手。环境热度可从周边商圈情况如 500 米内商场数量和商圈用电量，周边住宅情况如楼宇住宅数量和住宅入住率，周边 POI（Point of Interest，兴趣点）情况如 POI 数量和 POI 电量等进行评价。需求潜力可从充电量预测、潜在需求客户等方面进行评价。需求潜力特征量为潜力客户和需求电量。潜力客户，在某片区域内无私人充电桩车辆，当月在该区域停留时间超过 15 天（当天有且仅有非充电停留或非充电停留时间超过 30 分钟）。需求电量，在一个计算周期内，该片区潜客总充电量减去在该片区的充电量。竞争强度可从 5 千米内全社会运营商的公共充电站点分布、充电桩数量、周边站点充电量和利用率等方面进行评价。建设条件可从停车位数量、停车场拥挤程度、停车费用、充电单价、周边车流量等方面进行评价。投入产出可从相似场站年充电费用、相似场站年运行费用、相似场站建设规模等方面进行评价。

点位选址测评影响因素指标体系如图 3-8 所示。

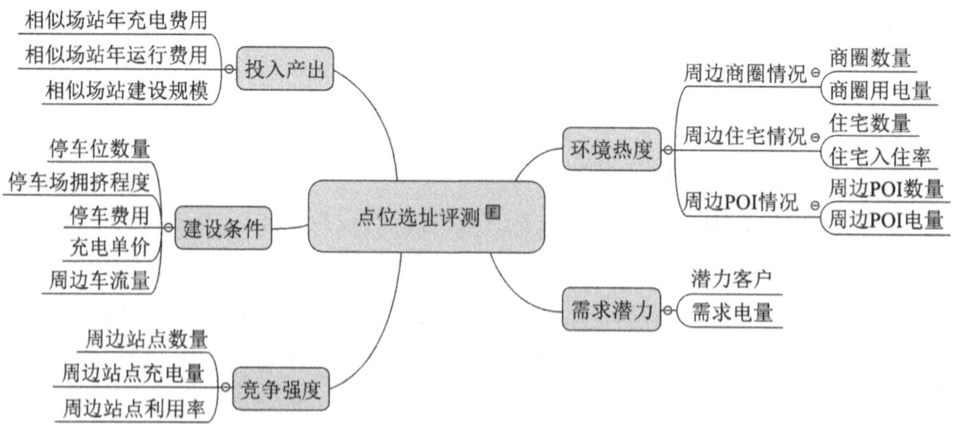

图 3-8　点位选址测评影响因素指标体系

（二）选址推荐策略

首先，根据构建的站点运营潜在影响因素体系，融合选定区域范围内 POI 数量、竞争场站利用率、站址投资效益等数据后进行提取。融合车联网平台站点运营数据、政府平台其他运营商数据、地图外部环境商圈数据和地理坐标数据、车辆管理平台获取车主信息数据，将全国划分为数千万个六边形网格，计算每个网格内缺口电量、潜客人数、周边竞争站点密度、周边商圈密度、停车场密度、住宅密度、周边站点利用率、停车费、区域道路拥堵度指数等维度指标数据。

其次，探索现有场站运营与场站所在的六边形内潜在因素间的关联关系。对运营商已有站点近期运营（充电、利用率）情况和站点运营潜在影响因素指标间的关联性进行探索和调研，形成选址测评方案。

最后，根据选址影响因素指标体系，对选定区域范围内 POI 数量、竞争场站利用率、站址投资效益等进行综合评价，筛选符合条件的地址，进行选址推荐。

（三）典型选址布点方法

通过对全国充电站点投资回收率、投入产出比等进行分析，发现一些选址典型案例：某地运营商与场地方沟通协商后获得停车场免费使用的权利，但没有经营好，与场地方采用分成模式后，停车场的充电站点反而经营得更好。对此从以下几个方面分析。

1. 测算市场潜力

根据网约车和私家车的数量测算市场对充电站的需求（见图 3-9），这是决策“某地是否适合建造充电站”的第一步。

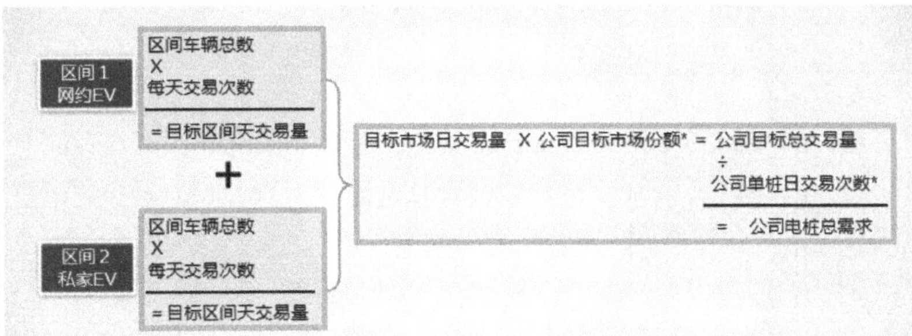

图 3-9　测算市场对充电站的需求

2. 网点规划考虑因素

网点规划考虑因素包括商圈潜力、市场竞争、站点覆盖性、站点互补性、站点可获得性、品牌叠加性。

3. 布点选用的方法论

参照法：城市交通热点、干道、高铁、机场和地铁换乘站。

跟随法：跟市场头羊“麦当劳肯德基法”。

排除法：排除商圈冷点、“限行地带”、车流潮汐、车速过快等不利因素。

响应法：聆听目标群落的声音，留意群落热点。

4. 选址步骤

第一步，测算目标城市充电桩总需求（Fishes in Pool）。

第二步，设定快充的市场份额目标（Aspired Market Share）。

第三步，商圈的划分（Fishing Water Boundary）。

第四步，商圈中的锚地（Anchoring Spot）。

第五步，以地标为圆心扫街踩点（Candidate Sites）。

5. 选址的三个基本逻辑

第一个基本逻辑是“市场效率 = 销售份额 ÷ 站比份额”，可以衡量场地资源和网点运营在市场竞争中的地位，100% 相当于市场平均水平，考虑社会运营商加盟后，一般优质的场地市场效率在 180% 以上。

第二个基本逻辑是“管道口径 = 备选场地资源的数目多寡”，数目越多，口径越大，可以衡量场地资源开发的力度，动作迅速是制胜之道。需要做好如下工作：商圈网格式排查、每周新增备选站点、汇总信息、分层筛选、确定目标、回顾进度、布置行动、责任到人。

第三个基本逻辑是“获取概率 = 备选站点 + 目标站点 + 意向站点 + 落实站点的晋级概率”（见图 3-10），可以衡量开发效率。

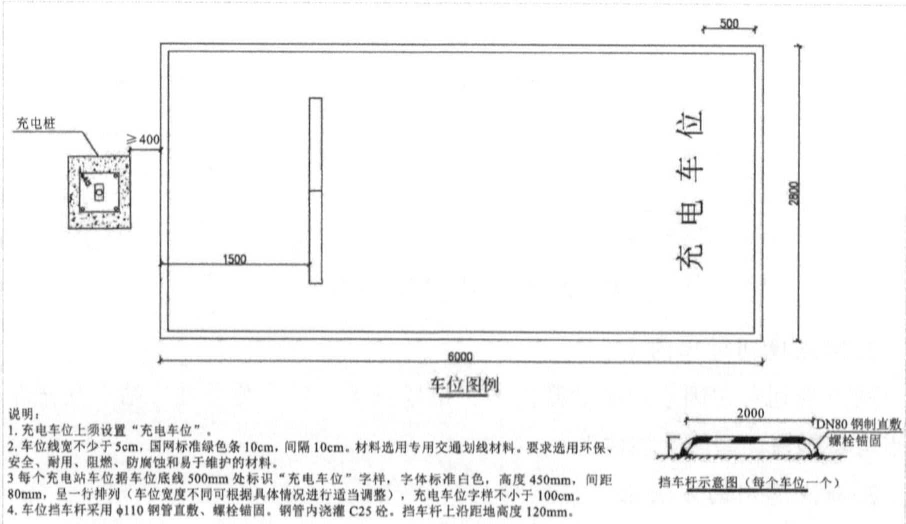

图 3-10 充电车位示意

需要做好如下工作：

- 建立个人联系；
- 通过娴熟的商业社交技巧，锁定潜在的交易支点（关系、经济利益、政策或用电互利等措施）；
- 迅速的项目经济回报初步测算；
- 合作方式灵活，确定高质量的商务方案；
- 确认接电口和供电成本；
- 参观样板站；
- 锁定关键人物关系；
- 完成内部的投资评估；
- 进入实质谈判。

6. 判断站点质量的因素

判断站点质量的因素包括商圈旺地段好（见图 3-11）、租金有竞争力和电力成本适宜。

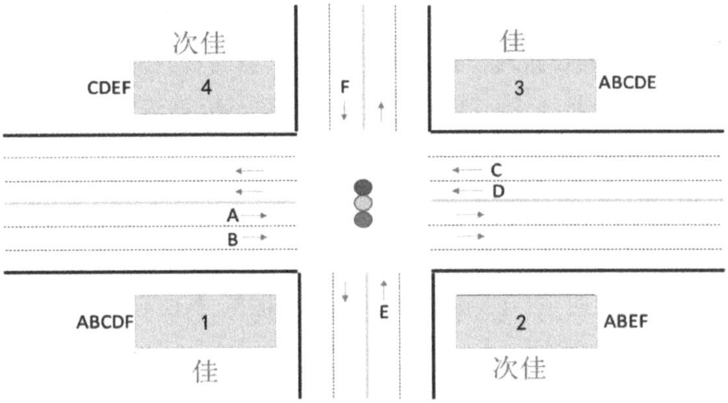

图 3-11 商圈地段判断

7. 停车场充电位的选择建议

- 出入口：沿主干道、车速适宜。
- 层次：首选负一，次选负二。
- 车位首选：入场正前方车位，便利原则。
- 车位次选：远角弯位，可防止车位占用。
- 接电：尽可能接近主变站，节省成本。
- 导向标识：大、正对视线、光线充足。
- 延展空间：安置设施。

第三节 充电站点常规布置

一、充电桩选型建议

以直流桩为主，交流桩按需配置，以下内容为直流桩选型建议：

- 可选用 80kW 一体式一机一枪充电机，一机一充，采用落地式安装方式；
- 可选用 160kW 一体式一机一枪充电机，一机一充，采用落地式安装方式；
- 可选用 160kW 一体式一机双枪充电机，一机双充，采用落地式安装方式；

- 可选用 160kW 分体式一机双桩充电机，每台充电机包含 160kW 分体式双充接口充电柜 1 台，250A 分体式一桩一枪直流充电桩 2 台，采用落地式安装方式；
- 可选用 ChaoJi 等新技术的大功率充电桩，一机多充，采用落地式安装方式；
- 直流充电机应符合 GB/T 20234.3—2023、NB/T 33001—2018、NB/T 33003—2010 等要求。

二、性能参数

1. 环境条件

充电站根据实际场景增设环境监测装置，实现对场站风速、光照、气温、湿度、降水、沙尘、烟雾和震动等环境要素的监测，并接入场站边缘计算设备。增设环境监测装置应同时考虑增加防护措施，避免车辆进出、人为破坏等情况。

环境监测装置技术参数见表 3-4。

表 3-4 环境监测装置技术参数

功能参数		
1	测量要素	具备气温、湿度、风速、风向、气压、辐射、降水、PM_{10}、$PM_{2.5}$、噪声等信息采集能力
2	时间校准	具备实时时钟，具备通信校时功能
3	对外通信	具备 RS232/RS485/4G 通信接口，实现采集信息上送
4	数据存储	支持 SD 卡、U 盘等外部存储设备进行采集信息本地存储
性能参数		
1	工作电源	AC220V
2	工作温度	-40℃ ~70℃
3	防护等级	IP65，防雷击、防电磁干扰、防盐雾腐蚀
4	气温	-40℃ ~70℃，分比率 0.1℃，误差 ±0.3℃
5	湿度	0~100RH，分比率 0.1%RH，误差 ±2RH

续表

性能参数		
6	风速	0~30m/s，分比率 0.1m/s，误差 ±0.5m/s
7	风向	0~360 度，分比率 1 度，误差 ±3 度
8	气压	500~1100hPa，分比率 0.1hPa，误差 ±0.3hPa
9	辐射	0~2000W/m^2，分比率 1W/m^2，误差 ±2W/m^2
10	降水	0~999.9mm，分比率 0.2mm，误差 ±4%mm
11	PM_{10}	0~1000μg/m^3，分比率 1μg/m^3，误差 ±5%
12	$PM_{2.5}$	0~500μg/m^3，分比率 1μg/m^3，误差 ±5%
13	噪声	30~130dB，分比率 1dB，误差 ±0.5%

环境监测装置采集数据项见表 3-5。

表 3-5　环境监测装置采集数据项

序号	故障分类	范围	分辨率	误差
1	气温	-40℃ ~70℃	0.1℃	±0.3℃
2	湿度	0~100RH	0.1%RH	±2RH
3	风速	0~30m/s	0.1m/s	±0.5m/s
4	风向	0~360 度	1 度	±3 度
5	气压	500~1100hPa	0.1hPa	±0.3hPa
6	辐射	0~2000W/m^2	1W/m^2	±2W/m^2
7	降水	0~999.9mm	0.2mm	±4%mm
8	PM_{10}	0~1000μg/m^3	1μg/m^3	±5%
9	$PM_{2.5}$	0~500μg/m^3	1μg/m^3	±5%
10	噪声	30~130dB	1dB	±0.5%

2. 防护等级

一般选型需满足 IP54 防护等级要求。

特殊情况如潮湿、盐雾、腐蚀性等环境下须提高防护等级，可选用 IP55 及以上的防护等级设备。

3. 电源条件

交流输入电压为 380V±15%。

交流电源频率为 50Hz±1Hz。

4. 输出电压和额定功率

直流输出电压范围：DC200V ~ 750/1000V。

恒功率输出电压范围：低电压段 DC300V ~ 500V，高电压段 DC500V ~ 750V/1000V。

额定输出功率：80kW、160kW、480kW 等。

5. 输出最大电流

80kW 充电桩：250A。

160kW 充电桩：250A。

6. 低压辅助电源

充电机应能为电动汽车提供低压辅助电源，低压辅助电源模块应具备过负荷、过压、过温保护功能。

辅助电源电压：（12±0.6）V。

辅助电源额定电流：10A。

纹波峰值系数：不超过 ±1%。

7. 规格尺寸：长 × 深 × 高

- 80kW 一体式一机一枪充电机：700mm×400mm×1780mm。
- 160kW 一体式一机一枪充电机：600mm×700mm×1900mm。
- 160kW 一体式一机双枪充电机：700mm×700mm×1900mm。
- 160kW 分体式一机双桩充电机，包括 160kW 分体式双充接口充电柜 1 台，设备规格尺寸 700mm×700mm×1900mm；250A 分体式一桩一枪直流充电桩 2 台，设备规格尺寸 500mm×240mm×1600mm。

8. 主要功能

主要电气设备功能应符合 Q/GDW 10233.2、Q/GDW 10233.4、Q/GDW 10233.5、Q/GDW 10233.6、Q/GDW 10233.8 的要求，若有新版本，应参照新版本执行。

三、供电电源接入方案

1. 进线

若采用 380V 进线（就近接入），电缆长度不宜超过 200 米。接入工程中涉及的线路路径、通道及敷设方式根据具体工程情况实施；若采用 10kV 进线（就近接入），配电设备选型应进行计算，涉及 10kV 供电电源设计，可参考《国家电网公司配电网工程典型设计 10kV 配电站房分册》。

2. 站用电接入方案

电源电压采用交流 380V，TN-S 系统供电。

3. 漏电保护

充电机本体充电机上级开关应具有漏电保护功能。

4. 电能计量

计量系统包括电网和充电设施之间的计量、充电设施和电动汽车之间的计量两部分。

电网和充电设施之间的计量：在计量负荷一体柜内预留交流计量装置位置，计量装置的选用及配置应满足 DL/T 448—2016 与 GB/T 50063—2017 的规定。

充电设施和电动汽车之间的计量：在一体式直流充电机直流输出侧配置直流计量装置，要求计量装置符合 GB/T 29318—2012 规定，充电机需按照 JJG 1149—2022 的规定检定合格后投入使用。在交流充电桩的输出侧配置交流计量装置，要求计量装置符合 GB/T 29318—2012 规定，充电机需按照 JJG 1148—2018 的规定检定合格后投入使用。

5. 照明主要场所照度及功率密度值

照明主要场所照度及功率密度值参照 GB 50034 执行，照度标准值不低于 50lx，照度均匀度（U0）不低于 0.6，显色指数（Ra）不低于 60。

6. 防雷接地防雷设计

防雷接地防雷设计应参照标准 GB 50057 以及 DL/T 620 执行。

7. 接地设计

接地设计应符合如下要求：

- 主接地网以水平接地体为主，辅以垂直接地体，水平接地体可采用 -50mm×6mm 及以上规格热镀锌扁钢，垂直接地体可采用 63mm×

6mm 及以上规格等边角钢；

- 全站接地电阻应不大于 4Ω；
- 低压配电采用 TN-S 系统，电气设备所有不带电的金属外壳均应可靠接地；
- 地下充电站电气设备的系统接地、保护接地应与建筑物的主接地网相连，电气设备接地导体的截面积不小于建筑物接地导体的截面积。

四、充电站内布置

（一）总体布置

一是充电站的总体布置应满足便于电动汽车的出入及停放，保障站内人员和设施的安全。如场地存在不确定性，可优先选择成套可移动式建设模式。

二是充电区的入口和出口至少应有两条车道与站外道路连接，充电站应设置缓冲距离或缓冲地带，附设电动汽车等候充电的停车道，便于电动汽车进出。

三是充电区单车道宽度不应小于 3.5 米，双车道宽度不应小于 6 米。转弯半径按照电动汽车类型确定，且不宜小于 9 米；道路坡度不应大于 6%，且坡向站外。

四是充电桩应靠近充电区设置，电动汽车在停车位充电时不应妨碍站内其他车辆的充电与通行。

五是防水。充电站不应设置在地势低洼和可能积水的场所，室外安装的充电机基础应高出充电站地坪 0.2 米及以上，根据历史洪涝情况，适当提高基础高度。

六是充电桩应具备水浸保护，当充电机检测到内部进水时，充电机应停止充电或不应启动充电，并发出告警信息。

七是充电设施所处环境因素可能影响设备运行和寿命，在设计阶段应考虑以下要求。

- 充电设施应从声源上控制噪声，宜优先选用低噪声设备，距离噪声敏感建筑物（居民区、学校、医院等）宜超过 20 米。根据 GB 3096 规定，居民、文教区噪声标准值应控制在昼间 55dB、夜间 45dB，如无法达到该标准，则相应增加充电设施与噪声敏感建筑物的距离。经营性充电设施宜在站内设置“禁止喧哗”等提醒告示，如有需求可增设隔音墙等设施，降低充电活动对周边群众的影响。

- 充电设施不宜设在多尘或有腐蚀性气体的场所，当无法远离时，不应设在污染源盛行风向的下风侧。沿海地区应考虑防盐雾措施，对充电设备外壳喷涂件、内部线路板、接插件等部件应采用三防漆。

（二）电气布置

一是高压开关柜、变压器、低压开关柜、充电机、监控装置等，宜安装在各自的功能房间，且宜设在建筑物的首层，便于运输和安装。

二是低压开关柜与充电机之间、充电机与充电区停车位之间应尽量靠近。

三是当受到建设场地限制时，低压开关柜与充电机可安装在同一房间。或变压器与低压开关柜设置在同一房间，变压器应选用干式，且外壳防护等级不低于 IP20。

四是当受到建设场地限制时，变配电设施与充电机可设置在户外组合式成套配电站中，其基础应适当抬高，以利于通风和防水。

五是变压器室不宜与监控室贴邻布置或位于其正下方，不能满足时应采取防止电磁干扰措施。

第四节　市场营销模式

一、可持续商业模式

一是积极引入社会资本，有效整合公交、出租场站以及社会公共停车场等公共资源，通过政府与社会资本合作（PPP）等方式培育市场主体，引入社会资本建设运营公共服务领域充电基础设施、城市公共充电网络及智能服务平台。

二是加快形成私人用户居住地与单位内部停车场充电基础设施建设运营的市场机制。构建统一开放、竞争有序的充电服务市场。

三是鼓励探索大型充电站与商业地产相结合的发展方式，引导商场、超市、电影院、便利店等商业场所为用户提供辅助充电服务。

四是鼓励充电服务企业与整车企业在销售和售后服务方面创新商业合作模式。充分利用租赁、特许经营权质押等融资模式，借鉴合同能源管理等业务模式，推进商业模式创新。

五是大力推动“互联网 + 充电基础设施”相关商业模式与服务创新，引入众筹、线上与线下相结合等新兴业务模式，积极拓展智能充放电、电子商务和广告等增值服务，吸引更多社会资源参与，提高企业可持续发展能力。

二、开展充电桩营销示范工作

一是结合电动汽车推广应用需要，按照因地制宜、适度超前原则，针对不同层次和不同领域充电基础设施发展的重点和难点，从城市与区县充电基础设施体系建设、居民区与单位配建充电设施、城际快充网络建设等方面，积极开展建设与运营模式示范。

二是通过示范项目，理顺充电基础设施建设运营管理机制，探索系统化的支持政策以及可行的商业模式，以点带面，加快充电基础设施建设整体进程，提高发展质量、速度和效益。在示范项目中积极探索无人值守自助式服务、无线充电、移动充电、智能电网等新技术的应用。

三是建立多层次的充电基础设施示范经验交流推广机制，通过多种形式开展示范工作经验交流，提升示范效果，发挥带动作用。

四是加强对充电基础设施示范工作的总结，积极加强与周边地区的经验交流。对示范工作中的成功经验要加大推广力度，对暴露出来的一些共性问题要及时解决，建立有效机制，完善政策法规，为普及推广打好基础。

三、营销手段及案例分析

（一）常规营销手段

1. 充电电费促销

例如，可针对新认证用户，推出优惠券赠送活动。利用微信公众号平台，用户可在公众号内回复“认证”二字，扫码后填写新能源车辆信息，审核通过即可获得 30 元充电服务优惠券（30 元券内含 6 张 5 元充电服务优惠券，领券后限 30 天内使用，满 15 元可用，一次可用 1 张）。

2. 账号充值优惠

例如：一次性充值金额 200 元，赠送充值金额 10 元；一次性充值金额 500 元，赠送充值金额 50 元；一次性充值金额 1000 元，赠送充值金额 150 元。

3. 充电有礼

例如，个人账户累计消费金额达到 2000 元，或历史单次充值订单达到 200 元，并将相关活动转发至微信朋友圈，可领取精美礼品 1 份。

4. 设立红包站点

例如，定期在充电 APP 上发布红包站点，前几位在该站点充电的用户可领取红包一份，金额充值在账户上。

5. 停车费减免

电动汽车在收费停车场内两小时内免费，超过 2 小时停车费 8 折优惠。

6. 特殊站点服务费优惠

对充电效益较好或多家运营商接入的站点且充电量较大的区域，给予一定的服务费减免。

7. 老人带新人优惠

新用户在注册时填写邀请码，双方均可获得充电满减优惠券。

8. 异业合作

与车企联合开展“购买电动汽车，赠送充电卡”的活动。景区建充电桩的，充电客户在充电卡中预存金额达到一定值即可获赠旅游景点门票，这样不仅能和景区达到共赢，还能增强客户体验。

（二）配套餐饮娱乐设施

目前公共充电站多建设在公共停车位上，充电分快充和慢充两种，充电时长 1 ～ 6 小时。停车场可增设一些娱乐设施，如休息凉亭、按摩椅、私人影院、茶室等，车主在等候时间休闲，这能帮助车主度过等待时间。充电站还可提供便利店餐饮服务、小型娱乐设施或 Wi-Fi 等服务，使之更加人性、多样化，以此提高充电桩的利用率。典型案例有特斯拉充电站餐厅，如图 3-12 所示。

图 3-12 特斯拉充电站餐厅

（三）打造充电互联网生态圈

充电网络是该模式盈利的基础，以充电网络作为入口打造充电、销售、租赁、4S 增值服务，同时开展多项附加业务，实现充电网、车联网、互联网的三网融合，使价值和利润最大化。

近年来，负荷聚合商（load aggregator，LA）这个概念正在快速传播。负荷聚合商是在需求响应发展背景下，售电公司通过需求响应管理平台注册而成的新兴服务企业，是参与需求侧响应的主体之一。负荷聚合商参与电力市场的框架设计如图 3-13 所示。

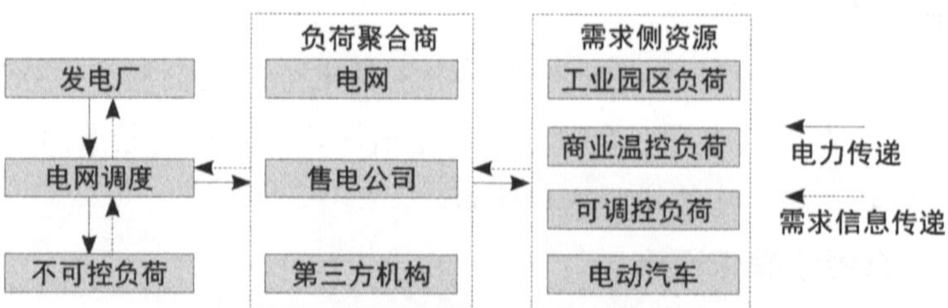

图 3-13 负荷聚合商参与电力市场的框架设计

充电桩运营商，尤其是可调度大量充电桩资源的运营商，天然就是资质优异的负荷聚合商。

用户需求来源于显著增长的电动汽车用户的充电需求，充电桩运营商通过整合个体用户（单根充电桩）需求接入电力市场，参与电力市场峰谷电价差收益和辅助服务等多项活动，获取超额收益，如图 3-14 所示。

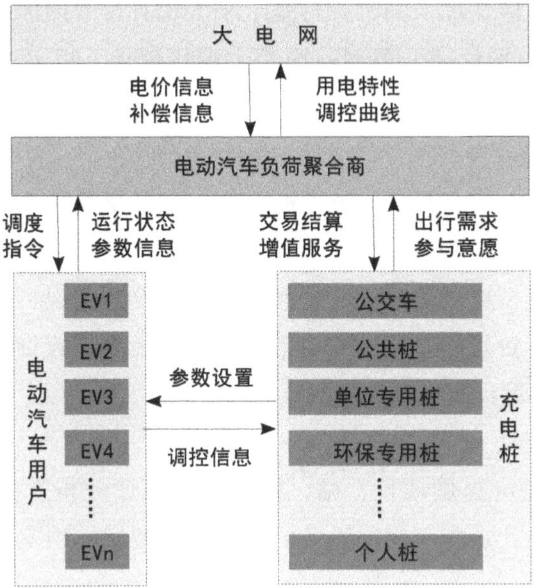

图 3-14　电动汽车负荷聚合商参与需求响应

（四）成功案例分析

新能源车车主在指定时间内在国家电网充电桩指定充电站点充电，累计充电满 100 千瓦·时赠送娃哈哈矿泉水一提（12 瓶）或抽纸一提（3 包），累计充电满 200 千瓦·时赠送蓝月亮洗衣液一瓶（1 千克），最多可领用累计充电满 600 千瓦·时的礼品。该营销手段是最简单有效的引流方式，能在一定时间内达成提升某些效益较差充电站点充电量的目的。多次开展类似营销活动，吸引客户的同时能形成自身的品牌效应，提高自身竞争力。

第五节　数字化管理平台

一、运营商平台

运营商平台是集入驻、建设、应用、运维、数据、营销于一体，为充电业务提供完整业务解决方案的综合型平台产品。结合电动汽车充电大数据技术的实践应用，为公共充电、有序充电、V2G、个人桩建设、智慧能源等领域用户消费、业务发展提供支撑。同时，可基于平台现有技术能力，打造开放的业务应用生态圈，扩大平台能力范围，满足个性化需求。以下是现有运营平台的主要功能。

1. 界面展示模块

支持自有资产、社会商户、个人桩主参与充电业务展示，通过 TCU、SDK 等接入形式，结合桩采购、桩企改造等手段，完善停车场信息，完成充电场站建设。根据计费模型提供的时段、金额等设置条件，实现尖峰平谷时刻、地区差异化等形式的计费规则。通过充电卡，实现离线启动查询，获取充电记录，根据记录对账、结算，通过提现获取收益。

2. 状态管理模块

状态管理模块可提供项目、站、桩等数据统计分析支持，实现对项目建设、资金进度的统计功能；实现设备的在线接入调试，档案维护及投运，投运数据转交资产中心。

3. 物联管理模块

物联管理模块将打造统一的终端接入展示，实现多场景、各类型的设备接入，构建物联网关、设备监控等功能，实现流量转发、日志管理；内含接入调试等系统功能，实现充电设备的在线配置调试。物联管理模块比较成熟的是国家电网车联网平台，图 3-15 是其管理逻辑图。

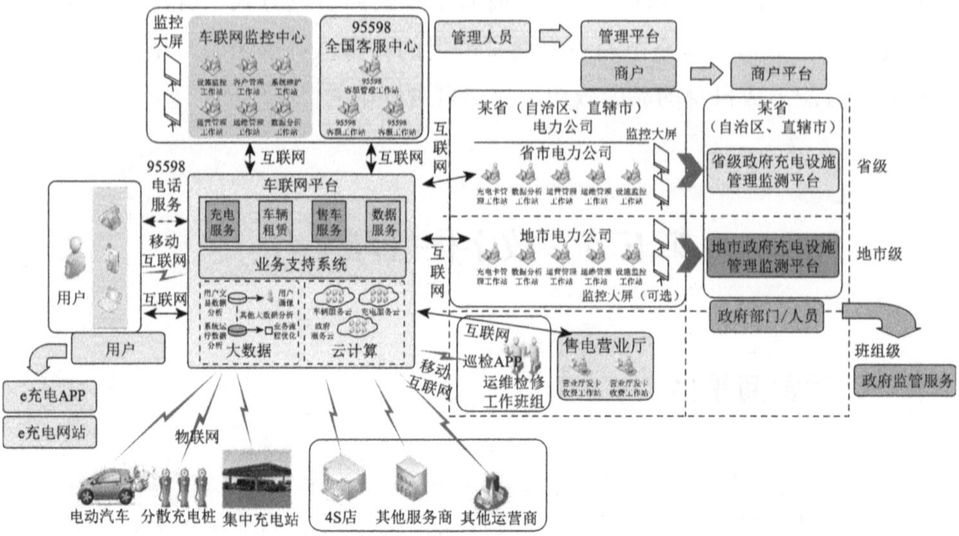

图 3-15 国家电网车联网平台物联管理逻辑图

4. 运营监控模块

展示所有已接入平台内部的充电桩、港口岸电桩等类别的充电设施监测数据。可监测充电设施因故障产生实时的告警信息。

充电运营热力图：将充电量、充电桩数、低电量桩、桩利用率等实时数据按照行政区域划分进行展示。

5. 智能运维管理

开展充电设施智能运检技术研究，通过采集和分析充电站现场监控视频以及温湿度、水浸等环境监测量，实现智能监控、智能识别、环境监测、智能预警、故障预测等智能化运维和安全管控功能；推进大数据分析技术应用，深入挖掘运营数据，为政府和运营商的监管工作和运营活动提供决策支持，为用户提供精准的个性化服务。浙江省的安培快充——电动汽车充电服务平台在智能运维模块比较成熟，图 3-16 是其智能运维展示界面。

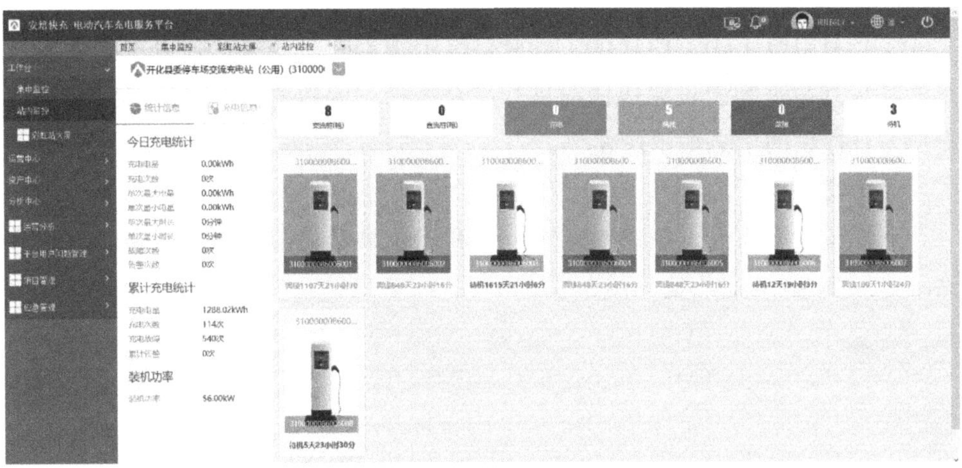

图 3-16　智能运维展示界面

6. 客服工单模块

客服工单面向终端用户，结合座席和工单流转和制单能力，形成完善的客户咨询服务能力和业务触达能力。

7. 数据分析模块

数据分析对数据资源进行全维度的统计、分析及展示，以降低数据使用门槛为目标，为车主、工作人员、社会商户等群体提供便捷数据查询功能和报表功能，作为开展营销活动、调整业务方向的重要指标依据。

二、行业管理平台

根据国家加强充电设施建设运营管理、大力推进电动汽车产业发展的目标任务要求，需建设国家、省、市级三级政府监管平台，完善数据服务、安全监管、数据分析等功能，推进跨平台安全预警信息交换共享。国家级平台正在建设，各省级、市级政府监管平台正如雨后春笋般建成投入使用，全时段掌握充电桩状态、充电价格、服务能力，精准获取新能源汽车充电行为画像，为政府部门制定政策、规划提供决策依据，为运营商充电站布局提供数据服务。

以浙江省为例，国网浙江电动汽车服务有限公司（以下简称“浙江公司”）在浙江省政府智慧城市示范点项目的基础上，建设了政府监管服务平台，其总体定位是全省统一的、公益的、非营利性的充电基础设施智能服务和监管平台。根据统筹安排已接入全省范围内大部分充电设施信息。

（一）设施建设监管

综合利用数字化、信息化、可视化展示技术，对全省及各地市充电站、充电桩规划数据和建设完成情况进行综合统计，为政府监管提供多维度数据支撑。可提供的信息如下所述。

1. 建设情况

全省运营商信息、规划投运充电站和充电桩数量。公用站、专用站的占比，交、直流充电桩占比见图 3-17。

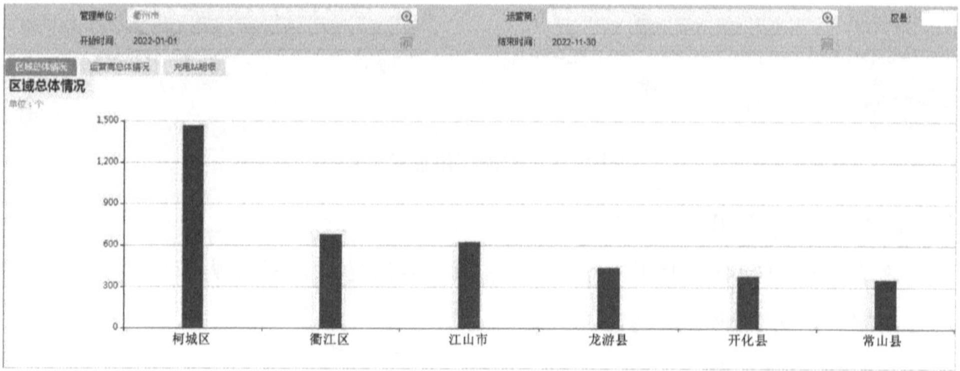

图 3-17　区域总体建设情况

2. 分布情况

全省充电桩地理位置分布，可以根据地市、运营商、公用属性、状态等条件进行筛选（见图 3-18）。

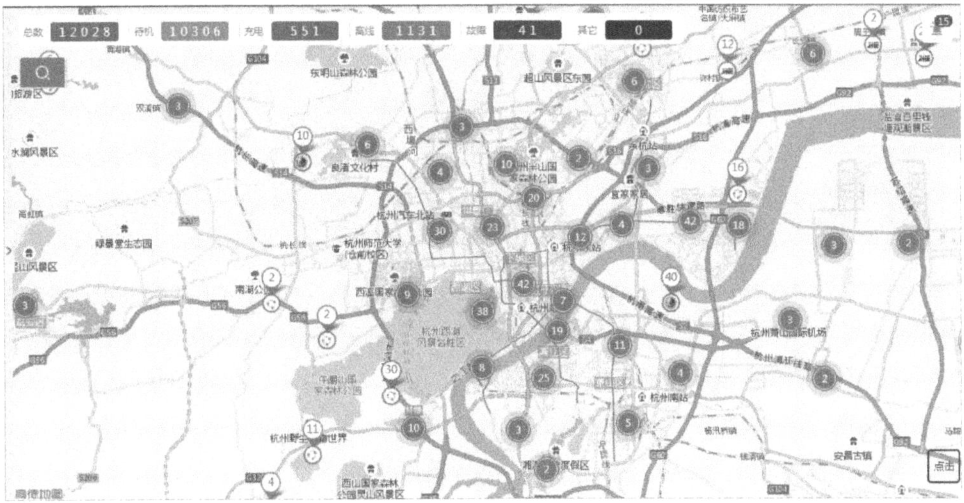

图 3-18　全省充电桩地理位置图

3. 服务半径

充电站和充电桩地理位置及服务半径规划等（见图 3-19）。

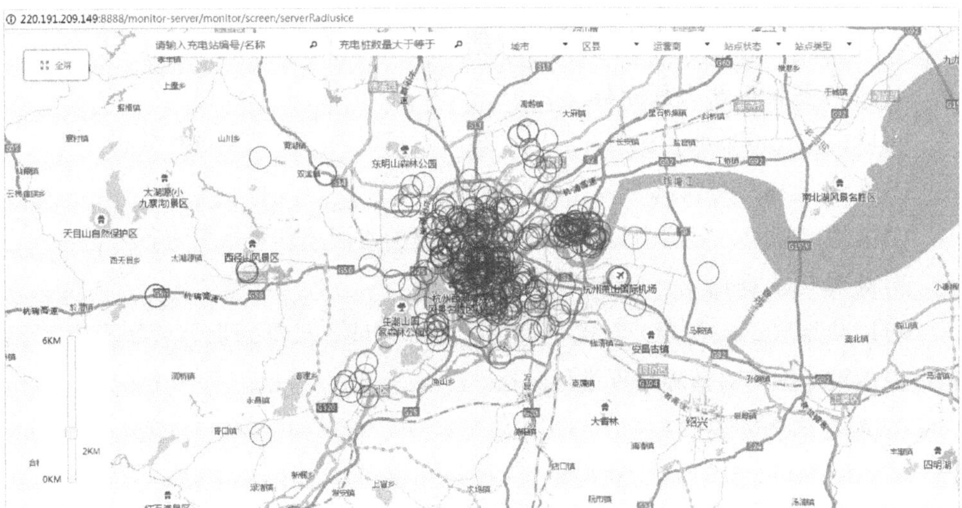

图 3-19　全省充电桩服务半径

4. 热力图

根据充电量及利用率计算充电桩的热力，形成热力图（见图 3-20）。

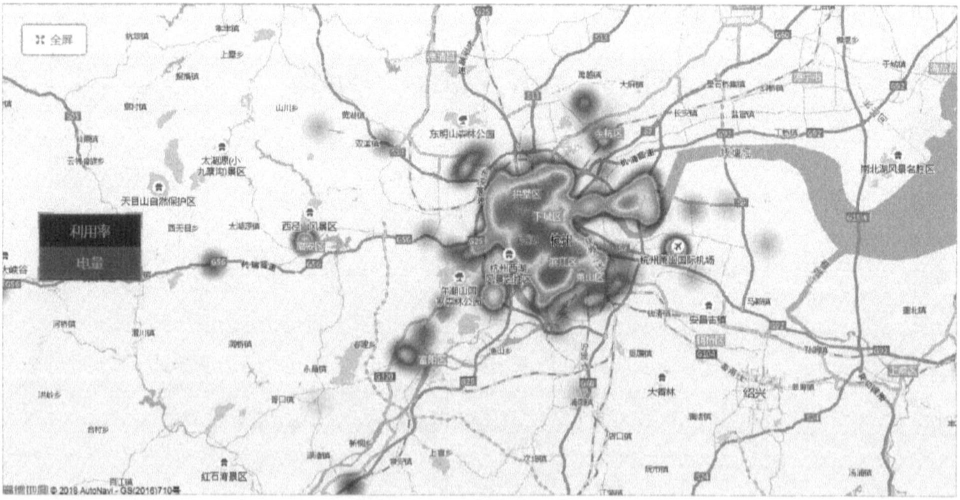

图 3-20　全省充电热力图

（二）运营服务监管

综合展示各地市及运营商充电量、充电价格水平、充电设施使用率、设备故障离线率、运营商运维水平等指标情况，为政府有序推进充电设施建设、配电网负荷规划、政策补贴参考、充电服务价格制定、发展建设规划制定、市场监管、运营推广等，提供决策支持和数据支撑。

1. 充电量和充电次数分析

可以根据充电量或者次数的时间、地区、运营商等对数据进行分析。

2. 充电设施利用情况

从区县、时间、运营商等维度对充电设施的可用率和利用率进行分析。

3. 故障记录查询

可以从地区、运营商、充电桩类型、故障时间、处理情况、所属充电站、所属充电桩等维度对故障数据进行分析。

4. 充电记录查询

可以从地区、运营商、充电桩类型、充电时间、所属充电站、所属充电桩等维度对充电记录进行分析。

5. 运营商评价分析

根据评价时间和管理单位对运营商的评价进行分析。

（三）设施补贴监管

平台根据补贴发放相关规则确定相关流程，运营商通过平台申请充电设施补贴。平台从运营商的充电设施接入数量、充电设施运营情况等维度为补贴审核和发放提供决策支撑。

（四）政策查询服务

提供国家、地方出台的新能源汽车及充电基础设施相关政策、规划及相关标准文件查询和下载功能，动态发布充电服务市场价格信息、新能源车辆市场售价，鼓励更多的人自愿驾驶新能源汽车。

（五）实时监控功能

在地图上实时查询充电桩状态信息，可根据不同的条件，如在建或者运行、运营商、所属地市、运行状态（待机、充电中、故障、离线）等，筛选不同范围的充电桩。详细查看实时充电信息，并且根据查询到的故障信息发起工单，通知运营商对故障充电桩进行维护。

（六）运营商评价管理

1. 评价指标管理

评价指标管理，平台可自行设定运营商评价规则。从充电桩规模、容量、充电量、充电时长、工作充电桩数量、报备信息准确性、服务半径、在线率和客户投诉量等维度分权重地设定运营商评价规则。

2. 评价体系管理

评价体系管理，设定评价总分，以及每个分数所对应的等级，设定每个维度的分数和指标值；根据评价规则定期（如月、季、年）评价运营商，评价结果可作为补贴发放的重要参考依据。

市场监管总局原计划从 2020 年 11 月 1 日起对电动汽车充电桩实施计量强制检定，后因产业发展迅猛，出现新情况、新问题，推迟到 2023 年 1 月 1 日起实施，并鼓励各地探索可行的计量监管方式。

第四章

设施运维和服务

第一节　运维

电动汽车充电桩的运维工作主要负责对电动汽车充电站（桩）进行售后维护、维修、巡检、故障排除，充电桩内部元件的保养及更换。在过去的几年中，随着电动汽车市场的快速发展，充电设施的需求量大幅增加，充电设备运维工作的重要性日益突出。运维工作做得好，可以提升企业运营效益，提升用户服务体验；运维工作做得不好，不仅会影响用户的充电服务体验，企业自身的运营收益也会受到影响。例如，山东某地市民张先生反映："打算去附近商场购物，顺便给新能源汽车充电，打开小程序，显示慢充桩空闲 2 个、快充桩空闲 1 个。可到了现场，10 个充电车位都停满了车。有的新能源汽车正在充电，而有的只是停在车位上，其中还有 2 辆汽油车。像这样白跑一趟的情况经常发生，久而久之，我也就不相信小程序上充电桩的充电信息了，每次都在自家充电桩上充满电才会出门。"江苏某县城郑先生反映充电桩维护存在问题："有一次在老家县城充电，一排充电桩都黑屏。我拨打上面的维修电话后，有关部门马上过来维修。可第二天我路过时，发现充电桩又坏了。还有的充电桩上贴着'设备故障'4 个字，一两个月都没人管，家附近的充电桩不少，可能用得不多，也没有客服电话，不知道找谁报修，明明充电站有很多桩，但十几辆车在两三个桩后面排队充电，充电体验非常差。"

本节将从充电设备运维工作的重要性出发，介绍运维工作的具体内容，再对电动汽车车主在充电过程中遇到的一些问题提出相关建议，各企业可结合自身运维业务适当借鉴。

首先，充电设备的稳定运行对电动汽车用户和充电运营商来说都是至关重要的。用户需要充电设备的高可用性和可靠性来满足他们的日常出行需求。充电运营商则需要设备的稳定运行来保证业务的顺利开展和收入的稳定增长。因此，充电设备的运维工作可以保证设备的正常运行和故障设备的及时修复，从而提升用户的充电体验感和提高运营商的收益率。

其次，电动汽车充电桩运维工作具体包括以下几个方面。

- 设备巡检：对充电设施进行定期巡检，包括检查设备的电源、安全防护措施、电缆、插头等，并对设备进行保养和清洁；
- 设备维护：按照设备生产厂商的要求，对设备进行定期维护，包括更换故障部件等，检查和调整设备的机械结构和电气系统等；
- 设备维修：当设备发生故障时，运维人员需要及时检查和修复设备。如果无法在现场解决问题，需要及时联系设备生产厂商或专业维修公司进行处理；
- 数据分析：通过分析设备监控平台收集的运行数据，发现设备的隐藏问题，提供改进方案。

最后，有效的充电设备运维工作需要严格的组织管理和专业的技术支持，需要建立完善的设备管理制度和标准操作程序，明确各工作岗位的职责和权限。运维人员需要具备专业的技术和丰富的实际操作经验，以便在设备发生故障时能够及时、准确地判断和修复设备问题，确保设备高质量运行，提高用户充电满意率。

充电桩不能只是一建了之，既要提高“增量”，又要盘活“存量”，让充电桩真正建好用好。现阶段充电桩市场上，大部分充电桩只是单纯地提供充电业务，充电过程中出现的问题很多情况下消费者只能通过电话与客服沟通，这种方法解决问题的效率相对较低，消费者遇到重大问题很难及时解决，影响消费者的消费体验。除此之外，许多充电桩设备在日常的运营过程中缺少应有的维护，充电桩设备在经历自然环境的侵蚀外，还可能遭到人为破坏，这些损耗如果没有及时修复，不仅给公司造成经济损失，也影响消费者的使用体验，制约了充电桩业务的发展。为此，公司应该提供相关的配套运维服务，将掌握充电桩设备技术的员工召集起来，组建专业的运营维护团队，实行标准化作业流程，对充电站进行精细化、标准化管理，合理压降运维成本，加快提升设施运维水平。

研发设置充电桩设备自我检测、发现故障自动上报功能；为消费者提供故障上报小程序，在桩体上贴上运维抢修电话，并根据充电桩布局规划就近设置服务维修网点，用最快的时间处理客户在充电过程中出现的故障和问题。具体可以参照以下做法：一是依据服务保障级别、客户需求和设备运行情况，滚动调整工单派发、故障处理、到场时限等运维标准；二是完善备品备件管理，加强安全库存管理和属地储备，全面推行“统一标准、现场快换”的设备抢修模式，探索建立主要零部件使用追溯机制；三是进一步加强运营、运维团队建设，拓展团队规模、提升团队素质，组织运营、运维、数据分析技能培训，不断夯实核心竞争力。此外，充电设施日常巡视维护等业务可外包给运营领域更专业的第三方公司，周期性地对第三方公司的业务开展情况进行监督，每月抽查充电设施运维巡视检修完成率和充电设施月平均故障率，对第三方公司实施考核评价。将非核心业务外包，一定程度上减少公司在充电设施上的运营成本，将更多的人力和物力投入充电设施建设和多元化服务等核心业务上，从而达成优化运维机制、提高运维效率的目标。

充电桩巡视检查现场如图 4-1 所示。

图 4-1　充电桩巡视检查现场

第二节　服务

一、增值服务

众所周知，充电桩的核心业务与电池、整车厂商、车主和企业等息息相关，因此各路资源的开发及整合能力成为开展核心业务的关键。然而，这些资源背后的根本落脚点在“车主”本身，一切的服务都是围绕“人”，也就是车主本身产生的。

要思考的是，如何才能更好地服务好车主，更好地满足车主的需求，让车主拥有更好的体验？

一般来说，电动汽车充电相较于燃油车加油所花费的时间较长，出于安全考虑，车辆在充电的过程中，车内最好不要有人，车主需在车外等待充电完成。那么，车主的需求就离不开吃饭、休息、休闲娱乐等相关服务，若在寒冬酷暑等恶劣天气，车主还需要取暖或降温等服务。因此，场地方在充电场地条件允许的情况下，在为车主提供基本充电服务的同时，可提供一些新兴的增值服务。

根据网络问卷的调查，55.1% 的车主充电等待时选择玩手机游戏、刷视频，50.9% 的车主会选择在充电站周围走走，活动身体，另有将近一半的车主选择在充电站附近吃饭或上厕所如何打发充电等待时间已成为车主的新需求。根据充电站增值服务需求的调查数据，79.2% 的车主希望在充电等待时间能够享受休息、娱乐、餐饮等多元服务；75.2% 的车主希望充电车位加装智能地锁，防止燃油车占位；74.4% 的车主希望充电站能同时给手机和电动自行车充电；另外有约一半的车主希望场站有人提供充电指导。目前，众多充电站还没有除充电以外的其他增值服务，运营企业可以从客户的核心需求出发，借鉴加油站的服务模式，引入配套服务设施，如增设便利店、小型娱乐设施、按摩椅等，让充电场站不仅是一个能源补给中心，还是一个能为车主提供休息、餐饮、购物、汽车清洗、汽车保养维护、供电业务办理等多元服务业态的综合中心。

以充电为主，附加增值服务为辅的大数据经营模式，以充电需求为媒介将各类增值服务串联起来。该模式主要基于充电设施掌握的海量信息数据，延伸发展以数据为依托的增值服务，靠充电和增值服务共同来盈利，电动汽车并不是简单、孤立的工具，而是生态的一部分。其中较为典型的企业是特来电公司，特来电以充电网建设为起点，未来将融合电动汽车线上销售、汽车维修数据服务、金融支付服务、互联网电商和工业大数据等业务。这种模式的优势在于盈利的来源多种多样，随着互联网的快速发展，充电桩的商业价值不仅体现在充电业务上，还包含以充电桩为入口的广告、保险、金融、售车、4S 增值服务及汽车工业大数据等。

作为车联网、智能电网的切入口，充电桩运营行业的潜在价值不容小觑，尤其是在智慧城市、智能小区的概念越来越盛行的当下，充电桩在其中将被赋予“数据采集者”“数据分析师”等多重身份。可以说，充电桩运营的发展前景不可估量，这需要企业创新商业模式与之适应。结合车联网、智能电网最新技术和现实情况来看，充电桩增值业务存在许多潜在的组合盈利模式。

首先是“充电桩 + 服务”模式。以电动汽车充电桩为中心，建立配套的商品零售与休闲服务商业圈，将成为未来大中型城市发展电动汽车及配套产业的新模式。在德国、丹麦等欧洲国家，利用电动汽车充电的时间，深入拓展零售、健身、美容等业务，来提高充电服务的黏性已经较为普遍。从我国市场来看，当前，很多企业已经在这方面着手进行了。例如，星星充电与酒店、商铺等合作布局充电桩建设，充电桩运营商在麦当劳等餐饮场所布局充电桩等，旨在将充电与配套服务相结合。

其次是“充电 APP+ 智能管理”模式。以应用功能集成度很强的 APP（可为用户提供实时掌控充电时间、充电预约提醒、远程监控充电状态等智能管理服务）为依托，充电桩运营企业可以为充电站经营者提供智能管理设备、丰富的大数据分析、便捷的支付交易流程等。例如，可以提供充电定价多样化选择方案。充电站经营者可根据不同的驾驶者群体有选择性地定价，或者根据充电时间、充电流程、充电电量等方案自由定价。

此外，还可以构建智能后端“云服务”平台，通过提供能源计量与管理系统，为充电站经营者提供多种充电容量与速率选择，从而降低充电站运营成本。不仅如此，还可以为经营者提供详细的大数据分析支撑，为改进提升服务提供依据。基于“云服务”的管理平台，将帮助充电站经营者科学有效地管理和运营充电站，而不仅仅是基础的站点维护服务。

最后是“整车厂商 + 运营商 + 利益相关方”模式。将整车厂商、设备制造商、充电站经营业主、金融机构、用户等利益相关方有机融合在一起，共同创造符合各方利益的产品和服务，并将其深入渗透到价值链涉及的每个环节，最大限度地整合资源，带动充电桩市场的发展。在国内，充电桩运营企业，与整车厂展开合作的已经不在少数。例如，特来电、星星充电、电桩公司等，与整车厂商、金融公司等开展合作，构建电动汽车电商平台或销售网点，提供一站式服务。包括在购车环节，可为用户提供多款金融产品，甚至还提供试驾体验等服务，为用户购车提供便利。这种合作共赢的模式，不仅有效增强充电设施的建设，提升用户服务的满意度，还利于车辆的销售，推动整个电动汽车行业更快地向前发展。

二、平台服务

运营商平台是集入驻、建设、应用、运维、数据、营销能力为一体，为充电业务提供完整业务解决方案的综合型平台产品，可实时监控分析全国充电设施建设分布与运营情况，全时段掌握充电桩状态、充电价格、服务能力，精准获取新能源汽车充电行为画像，为运营商充电站布局提供数据服务。

因此，电动汽车充电除了需要充电硬件设施安全可靠之外，配套的充电服务软件平台也很重要，目前较大的几个充电平台主要有国网车联网（见图 4-2）、顺易充、小桔充电、快电、星星充电、特来电、特斯拉等。

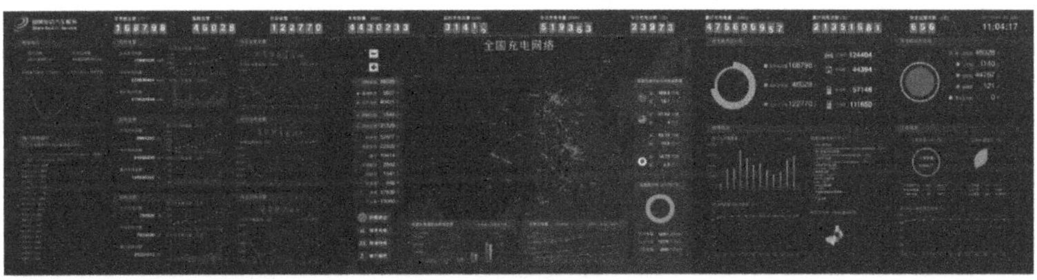

图 4-2　国网车联网平台

“顺易充”（见图 4-3）是南方电网电动汽车服务有限公司为电动汽车充电用户服务的窗口，是其针对用户找桩难、找桩慢等难题开发的一款支持目的地搜索、多种条件筛选充电站的手机 APP。

图 4-3 顺易充与小桔充电 APP 界面

快电、云快充、星络充电是第三方充电平台，第三方充电平台不直接参与充电桩的投资建设，通过自身的资源整合能力将各大运营商的充电桩接入自身平台，以智能管理为依托提供商业价值，以平台为主导的运营模式可促成不同运营商之间的互联互通，为用户提供更便捷的一站式充电体验。公司可根据自身实力选择打造自家充电服务平台，或者将自家公司的充电桩接入第三方充电平台。

三、客户服务

客户服务与运维、平台息息相关、紧密相连，运维团队的组建、运营商平台的搭建决定了客户服务能力。现阶段，大部分充电桩运营商只是单纯地提供充电业务，对于客户充电过程中出现的问题很多情况下只能通过电话来了解，无法第一时间了解充电桩运行情况并安排运维人员进行维修，影响车主的充电体验。

如何能更快地解决车主充电过程中遇到的问题，提升车主充电体验感是企业亟须解决的问题。

首先，最重要的就是服务体系运作要方便快捷，这决定了服务速度与服务质量。工单的出现实现了企业内部的高效协同，在工作时，可以及时关注工作进度与相关需求，可以让相关人员更好地把握和处理，也可以更加全面地掌控工作中出现的问题，及时进行改进。每位客户都可以通过服务热线、APP、小程序等方式提出诉求，由一线客服响应并处理相关问题，当问题无法解决时，以工单形式记录下问题被归类并下发至相关部门处理，及时解决客户诉求。工单不仅促进服务流程更便捷，还利于企业的经营管理。基于工单数字化运作，企业可以直接将数据分类整理，了解客户反馈的问题主要集中在哪些方面，便于调整相关策略，集中解决该类问题。

其次，充电桩监控平台的搭建也十分重要。积极利用线上可视化方式开展充电桩运维，通过相关平台实时查询充电桩状态信息，可根据不同的条件，如在建或者运行、运营商、所属地市、运行状态（待机、充电中、故障、离线）等，筛选不同范围的充电桩，详细查看实时充电信息，全天候监控充电设备异常情况，并且根据查询到的故障信息发起工单，将任务实时推送至各级运维人员，由其对故障充电桩维护处理，提前消除故障。

市场上在客户服务方面做得较好的企业是国家电网，拥有全国最大的充电服务平台——车联网平台和实力雄厚的运维团队。国网车联网平台可实时监控其投资建设的所有充电桩的分布与运营情况，全时段掌握充电桩状态。当充电桩发生离线、异常等故障时，后台监控人员能第一时间发现并就近安排运维人员前往维修，提前消除故障。针对终端用户，该公司有完善的客户服务体系，车主通过充电桩小程序、APP、客服电话咨询或报修，均会通过车联网平台生成工单进行流转，形成完善的客户咨询服务能力和业务触达能力，及时解决客户需求。

第五章

相关收益和补贴

第一节　收益分析

一、服务费收益

2014 年，国家发展改革委出台了有关规定，明确充电设施经营单位可向电动汽车用户收取电费及充电服务费，充电电费按国家规定执行。服务费根据各地政策标准收取，服务费收益是充电设施经营的主要收入。

二、增值服务收益

1. 广告费收入

充电桩作为广告的新载体，运营商在充电桩上安装液晶屏或广告灯箱，投放平面媒体广告，宣传新能源和充电桩使用方法、注意事项、安全须知、停车指示、服务推送等内容，在人流量可观的市区一天的广告费就是巨大的收益。

2. 配套辅助设施

目前公共充电站多数建设在公共停车位上，充电时长 1 ～ 6 小时。运营商可增设一些娱乐设施，如按摩椅、私人影院、茶室等，帮助车主有效消磨这漫长的等待时间。同时在充电站提供便利店餐饮或 Wi-Fi 等服务，不仅多样化地满足车主需求，还提升充电收益。

3. 提供其他设备的充电服务

拓展其他设备自助充电、用电服务，如手机、电脑、充电宝等，可以把设备放在扫码柜里充电，无须人工值守。扫码柜还可以提供物品临时寄存服务，通过手机 APP 输入密码 / 扫码开锁，按时间扣费。

三、需求响应收益

充电桩运营商通过整合个体用户（单根充电桩）需求接入电力市场，参与电力市场峰谷电价差收益和提供辅助服务等活动，获取超额收益。

1. 通过电价信号实施需求侧响应

电动汽车兼具可调控负荷与储能的特性，是较为灵活的需求响应资源，可以为电力系统提供调频、备用、削峰填谷等辅助服务，降低系统发电成本和运行成本，为电网、用户和社会带来效益。在停车场等慢充场所参与充放电调度的电动汽车通常具有规模大、停留时间长、停留时段较为固定等特点，可以由聚合商集中统一管理和调度。电动汽车充电站运营商是天然的负荷聚合商，当电网面临短时的削峰填谷需求，若能在用户有参与意愿的情况下将电动汽车集中到充电站进行大功率地充放电，能够更加省时高效地为电网提供需求响应资源，也可以在其他响应资源不足时作为补充。

需求响应被广泛用于调度方实施引导调度策略，按照响应规则，电动汽车充电站（聚合商）激励电动汽车有序充电的调度策略有两种：价格型需求响应和激励型需求响应。

2. 通过 V2G 技术参与调峰、实施峰谷套利

参与调峰和促进新能源消纳充电站运营商通过 V2G 设备参与调峰、实施峰谷套利，除了引导电动汽车充电，负荷聚合商（充电站运营商）同样可以引导带电的电动汽车向电网反向放电，以支持系统电力平衡。V2G 模式下的电动汽车类似于工商业储能，通过峰谷套利实现其经济性。但这一过程需要聚合商（电动汽车充电桩运营商）聚合其运营的充电桩资源（所接入的电动汽车），并接入电网调度。在现货市场推行后，作为电力市场主体之一，聚合商可以根据负荷预测，决定其掌控的充电桩资源采取怎样的充电或放电策略，以达到收益最大化。

四、补贴收益

为了更好地推进新能源汽车充电基础设施的建设，国家、地方陆续出台补贴政策。充电桩作为新能源汽车的重要基础设施，以其为中心已形成较为完善的奖补政策，即“中央统筹规划+地方奖补”跟进。

第二节 财政补贴

一、省（直辖市）级补贴

（一）北京市奖补政策

投运且未获得建设补助的单位内部公用充电设施（以下简称“充电设施”），7千瓦以上的按0.5元/瓦计算，7千瓦及以下0.4元/瓦计算。申报条件如下所述。

- 充电设施投入运行，能够供单位公务用车和职工自有电动汽车充电使用。
- 充电设施建设、运营服务、维护管理符合国家和本市相关技术标准、设计规范、建设标准和管理要求。
- 接入市级公用充电设施数据信息服务平台（以下简称“市级平台”），其中：由以充电设施生产建设运营为主营业务的企业投资建设的充电设施接入市级平台，实现状态可查询（属于保密单位或重要单位内部的充电设施，经单位出具相关书面说明，可仅将静态信息接入）；由使用单位自建自营的充电设施接入市级平台，实现静态信息可查询。
- 未使用财政资金建设。

（二）江苏省奖补政策

江苏省财政按各地新能源汽车推广应用、充电设施建设运营等因素对区市给予建设补助和运营补助，由各地统筹使用。各设区市制定年度新能源汽车推广应用补助细则时，应明确以充电量等为主要指标的补助标准，根据当地实际情况将充电设施补助分为建设补助和运营补助；鼓励各地支持“光储充”一体化充电设施发展。申请补助条件如下。

- 建设运营主体每年在全省范围独立新建运营充电桩不少于 1000 个或充电总额定功率不少于 10000 千瓦。
- 承诺获得补助的充电设施运营时间不低于 5 年（以项目通过验收时间为准）；建设运营企业不得将充电设施转包给其他企业或者个人经营；因规划调整等确需拆除的，需经当地新能源汽车推广应用牵头部门同意，并由各设区市新能源汽车推广应用牵头部门向省工业和信息化厅报送有关信息。
- 按国家和省、市相关要求实现充电数据共享，数据应接入省和所在设区市的充电设施运行监测平台。集中式充电站须加装视频监控，并接入省市监测平台。
- 政府机关、企事业单位的充电设施可根据自身情况选择对外开放的方式，但必须对内部工作人员开放。专门为公交车、出租车服务的充电设施，在保证公交车、出租车充电需求的情况下，尽可能地对外开放。
- 电能应可计量。
- 支付方式具有通用性，具备微信、支付、苏宁易付等第三方支付功能，可实现扫码便捷支付。
- 有国家认可相应资质的认证机构和检测机构出具的第三方产品认证证书和型式试验报告。
- 充电设施月平均运行在线率不低于 80%（在线率是指一定周期内，扣除日常检修时间后，充电设施正常提供服务时间的比例）。
- 申请运营补助的充电设施项目，充电设施须通过各市（县）新能源汽车推广应用牵头部门组织或委托专业第三方建设验收；充电设施月平均运行在线率不低于 90%；根据省、市充电设施监管平台数据统计，一年充电量不低于 300 万千瓦 • 时。

（三）上海市奖补政策

对于经考核评定为 A 级及 B 级企业的下属星级站点，给予连续 6 年申报度电补贴的资格，起始日自基本数据接入日的下一个季度开始计算。“一星”及以上的充电站点可享受度电基本补贴，“二星”及以上的充电站点可享受度电星级补贴。补贴电量不超过补贴电量上限标准。2020 年补贴标准见表 5-1。2021 年及以后补贴标准，根据充电设施整体运营效率等因素两年一定，具体由市级平台提出测算方案，报市发展改革委核定后执行。

表 5-1　2020 年补贴标准

		星级补贴标准	补贴上限电量
公用充电桩	“一星”度电基本补贴	0.2 元 / 千瓦・时	1000 千瓦・时 / 千瓦・年
	“二星”度电补贴	0.5 元 / 千瓦・时	
	“三星”度电补贴	0.8 元 / 千瓦・时	
专用充电桩和换电设施	“一星”度电基本补贴	0.1 元 / 千瓦・时	2000 千瓦・时 / 千瓦・年
	“二星”度电补贴	0.2 元 / 千瓦・时	
	“三星”度电补贴	0.3 元 / 千瓦・时	

星级评定方案见表 5-2。

表 5-2　星级评定方案

星级	星级要求
三星	≥ 85 分，除具备二星站点功能外，还应具备出租车 VIN 码（车辆识别码）识别功能，充电专享停车位数占充电停车位比例不低于 50% 或不少于 3 个
二星	75 ～ 84 分，支付等运营数据需实时接入市级平台，具备公共服务功能、可有效识别车位信息以解决油车占位
一星	60 ～ 74 分
不合格	＜ 60 分，或充电设施在线率连续三个月小于 70% 以及经整改后，充电设施工作状态及充电结算信息反馈等仍不满足接入要求的

充电设施以站点为单位开展接入考核，每年开展一次。市发展改革委委托市级平台开展接入考核工作。充电站点接入考核指标共 5 项，包括“静态数据”“动态数据”“在线指标”“用户评价”“服务水平”，满分为 100 分。根据考核得分，对充电站点进行星级评价。具体考核内容及计分方法详见表 5-3。

表 5-3　充电站点评价指标及评分细则（以站点为单位评定）

考核指标	分值	考核内容	评分细则
静态数据（15%）	2 分	运营企业信息	• 考核指标包括接入运营企业全称、组织机构代码、联系方式等 • 满分 2 分，少一条信息扣一分，扣完为止

续表

考核指标	分值	考核内容	评分细则
静态数据（15%）	3 分	充电站点及设施信息	• 考核指标包括充电站点名称、代码、详细地址、场所信息、站点类型、充电设施数量及类型（交流 / 直流 / 交直流一体；公用 / 专用 / 自用改造）、坐标、车位数量、停车收费标准、充电收费标准及支付方式等；充电设施信息包含设备及充电接口代码、建设时间、设备及充电接口额定功率、类型、接口状态等 • 满分 3 分，少一条信息扣一分，扣完为止
	10 分	接入准确率	• 各站点充电设施接入市级平台数据应符合相关规定且信息准确，考核周期内： 准确率≥ 85%，得 10 分； 70% ≤准确率＜ 85%，得 5 分； 准确率＜ 70%，不得分
动态数据（25%）	5 分	动态数据接入情况	• 接入数据包含充电设施状态信息和充电结算信息两类。其中，充电设施状态信息有“占用”“空闲”“离网”“故障”“车位占用”“车位空闲”等，充电设施状态发生变化时，其变化信息应及时推送至市级平台；充电结算信息包括充电结算信息代码、充电开始和结束时间、充电电量、充电总费用等；充电设施完成一次充电后，应将充电结算信息推送至市级平台 • 满分 5 分，少一条信息扣一分，扣完为止
	10 分	接入及时率	• 各站点充电设施动态数据推送应符合市级平台相关接入时限的规定，考核周期内： 推送及时率≥ 85%，得 10 分； 70% ≤推送及时率＜ 85%，得 5 分； 推送及时率＜ 70%，不得分
	5 分	智能有序充电	• 经线下审核及线上调度，可实现设施智能有序充电调度的站点，得 5 分；否则不得分
	5 分	车位与充电设施信息匹配	• 经线下审核，可实现车位与充电设施信息匹配的站点，得 5 分；否则不得分

续表

<table>
<tr><th>考核指标</th><th>分值</th><th>考核内容</th><th>评分细则</th></tr>
<tr><td rowspan="3">在线指标
（30%）</td><td>10 分</td><td>在线率</td><td>● 在线率 = 站点设施在线考核总时长 ÷ 考核期内站点设施总时长 ×100%
● 各站点设施在线率应符合市级平台相关接入规定，考核周期内：
在线率≥ 85%，得 10 分；
70% ≤在线率＜ 85%，得 5 分；
在线率＜ 70%，不得分</td></tr>
<tr><td>10 分</td><td>等效利用小时数</td><td>● 等效利用小时数 = 考核期内站点设施充电总时长 ÷ 考核期内站点设施总数
● 考核周期内，各站点利用小时数为该站点内所有设施平均利用小时数。考核按公用、专用设施类型分别计算各类型站点等效利用小时数，经计算，对各类型站点平均利用小时数按从低到高进行排序。
● 该项得分 =10×i/n，得分保留一位小数点。其中，n 为参与排序的站点总数量，i 为站点排序序号</td></tr>
<tr><td>10 分</td><td>故障率</td><td>● 考核周期内，各站点充电设施故障率 =（站点内设施故障总时长 ÷ 站点内设施在线总时长）×100%
● 该项得分 =10×（1- 故障率），得分保留一位小数点</td></tr>
<tr><td>用户反馈
（10%）</td><td>10 分</td><td>评价及投诉</td><td>（1）根据市级平台软件中有效的评价表，对充电站点进行评定：
得分 = 市级平台 APP 中有效评价表总得分 ÷ 有效评价表总份数，得分保留一位小数
其中，用户评价表满分为 5 分，其中同一注册手机只能给予一次评分，不能重复刷分；
对于无人评分的站点，其用户评分取该企业所有站点评分平均值。
（2）根据市级平台收到的用户投诉情况，对充电站点进行评定
● 满分为 5 分，收到一条投诉扣 1 分，扣完为止</td></tr>
</table>

续表

考核指标	分值	考核内容	评分细则
服务水平（20%）	20 分	站点管理服务水平	（1）考核充电设施运营企业对站点设施的管理水平，存在一处问题扣 1 分，满分 5 分，扣完为止 • 考核具体内容包括： 充电设施在强制检定有效期内，外观、功能、安全防护等正常，设备底座、支架坚固完好； 在充电区域，照明及消防设备完好，按规定摆放安全和消防器材，无堆积物，无易燃、易爆物品； 站点有明确的运行和安全管理制度，设置有服务电话和紧急情况处置联系人等。 • 无人值守自助充电站点，明显标识操作顺序与安全禁忌 （2）鼓励站点提供司机休息、饮水、就餐等服务，能提供相关服务的得 5 分，仅提供基本服务的得 3 分，无相关服务的得 0 分 （3）鼓励站点为出租车提供充电停车、充电电价等优惠服务，对出租车充电免收半小时及以上停车费且充电电价（含服务费）不高于 1.5 元的最高得分 5 分，充电电价（含服务费）每上涨 0.1 元扣 1 分 （4）鼓励站点为出租车提供夜间停车等服务。对出租车提供夜间停车且夜间 6 小时停车费用不超过 15 元的，得分 5 分，其他得 0 分

（四）浙江省奖补政策

由省发展改革委会同省财政厅、省经信厅、省科技厅、省能源局等部门，按因素法确定年度奖补资金分配方案，对各地实行综合奖补。考量因素主要包括新能源汽车推广应用、产业发展、 基础设施建设及运维、新业态培育等方面，权重分别为 20%、30%、40%、10%，并结合各地奖补资金使用情况等对因素分配额进行调整。以后年度可根据年度工作重点及政策变化等情况对分配因素及权重做适当调整。考量因素如下所述。

- 新能源汽车推广应用。主要是对各地每年度新能源汽车推广应用计划任务完成情况、新增新能源汽车数量（以上牌数为准）、购置新能源公交车和燃烧电池汽车数量等进行综合考量确定。
- 产业发展。主要是对各地新能源汽车领域产业项目（含重大续建项目）

及投资额、创新平台建设等情况进行综合考量确定。

- 基础设施建设及运维。主要是对各地充换电（加氢）基础设施建设（改造）及运维投入、统一服务平台建设及运维投入、充电基础设施年度充电量等情况进行综合考量确定。
- 新业态培育。主要是对各地新能源汽车领域新业态培育投入、试点示范等情况进行综合考量确定。

政策奖补程序如下所述。

- 资金申请。每年 8 月底前，各市、县（市、区）新能源汽车推广应用主管部门会同财政及相关部门编制奖补资金申请报告上报省五部门。申请报告应包括：本地区新能源汽车产业发展基本状况，符合上述奖补政策的具体事项情况（含相关佐证材料和地方支持政策举措等）。相关统计数据时限为上年度 8 月至本年度 7 月。
- 资金安排。省发展改革委会同省经信厅、省科技厅、省能源局，对申报数据和事项进行审核，并按因素法赋予分值，结合分值提出资金分配方案，并于 9 月 10 日前报省财政厅审核。
- 资金拨付。省财政厅按照规定在 10 月底前提前下达下一年度奖补资金。各市、县（市、区）在收到奖补资金下达计划后，新能源汽车推广应用主管部门会同财政及相关部门按照通知和年度资金下达文件要求，结合本地实际和政策，按规定在地区范围内开展项目申报、审核等工作。下达市县的奖补资金原则上须在每年 6 月底前拨付项目单位使用。

（五）山东省奖补政策

按照单桩参照额定输出功率，给予一次性奖补。其中，直流快充桩奖补 400 元 / 千瓦，奖补上限 4.8 万元 / 桩；交流慢充桩奖补 300 元 / 千瓦，奖补上限 2000 元 / 桩；带有有序充电控制功能的交流充电桩奖补 400 元 / 千瓦，奖补上限 4000 元 / 桩。设施奖补金额不高于招标价格；在充电服务示范居民小区内配套建设充电基础设施，按照总投资扣除充电设施购置费用外剩余投资的 40% 给予建设奖补。

各地市居民小区充电基础设施和居民小区周边 1.5 千米范围内公共充电基础设施的建设奖补资金，原则上不少于总奖补资金的 50%，或居民小区的奖补桩数不少于当地总奖补桩数的 50%。申请补助条件如下所述。

- 建设、备案手续齐全。

- 按程序完成项目竣工验收。
- 当年 11 月底前建成投运，且未获得过各级政府任何奖励补贴。
- 接入山东省充电基础设施信息公共服务平台（以下简称“省服务平台”），实现数据实时交换、对社会公众开放共享。
- 接入省服务平台前，至少连续使用 2 年或自投运起连续使用；接入省服务平台后，充电基础设施实时在线率不低于 90%。
- 具有保障设备安全稳定运营的相关专职技术人员和健全的运营管理制度。
- 未发生过重大安全事故。
- 符合国家能源局发布的《电动汽车充电设施标准体系项目表（2015 年版）》有关建设标准。

二、市级补贴

深圳：按照充电设施（站、桩、器）装机功率，对直流充电设备给予 600 元 / 千瓦的补贴，对交流充电设备给予 300 元 / 千瓦的补贴。

成都：投资新建并竣工投运的经营性集中式充电站（含换电、无线充电等），给予建设投资（不含土地费用）30%、最高 500 万元的补贴。

南京：财政资金对公共领域充电设施建设运营单位按充电桩充电功率给予补贴，交流充电桩每千瓦 600 元、直流充电桩每千瓦 900 元，单个充电站或充电桩群的补贴总额不超过 180 万元。

西安：新能源汽车公用充电桩可享受每千瓦 • 时 0.15 元的补贴标准。个人自用充电设施，由市财政给予 1 万元 / 根一次性建设及电费补贴。个人自用充电桩每根可获 1 万元补贴。

杭州：在规定时间内投资建设的公用和共用充换电设备（含充换电站、桩及装置），按实际投资额的 30% 给予补贴；个人消费者自用充电桩给予一次性 600 元 / 桩的充电费补贴，由电力部门以充值方式划入个人消费者自用充电桩电表账户。在萧山区、余杭区、富阳区、临安区及三县（市）投资建设的充换电设施项目，地方财政配套补贴可参照市级政策执行。

芜湖：市财政按充电桩充电功率给予一次性建设补贴，交流充电桩每千瓦 200 元、直流充电桩每千瓦 300 元。充电设施建设运营企业年度每新建 50 个公共充电桩另给予市级运营补贴 5 万元。

衢州：对规定时间内建成或完成改造升级、可正常使用且已接入充电基础设施智能服务平台的公用充换电设施和数据同步接入省级监管平台的公益性充换电设施公共数据监管平台，进行 2 类共 4 项补助。一是充换电基础设施建设及运营补助，共有新投运充换电基础设施建设补助（直流快充桩 600 元 / 千瓦、交流慢充桩 300 元 / 千瓦）、充换电基础设施改造补助（每个充电桩补助 200 元）、充换电基础设施运营补助（充电量每千瓦·时给予 0.2 元运营补助）。二是市级监管平台建设及运营补助，按照平台建设投资和升级等相关开发费用，给予一次性补助资金支持，最高不超过项目开发费用总金额。

第六章

安全和风险管理

第一节　安全管理

电动汽车行业发展至今，充电安全一直是企业运营的重中之重。走访各家充电站，不难发现，有些企业做得比较到位，值得大家学习，但也有部分企业，安全管理不够完善，甚至不规范，须加强充电桩安全管理，保证充电桩使用的安全，减少充电桩使用中存在的安全管理问题，杜绝安全事故，营造安全良好的充电环境。对车主来说，他们只关心充电安全，但对充电桩运营商来说，安全不仅是充电安全，它还贯穿了充电桩建设、运营、运维全环节。本节将对其一一介绍，并提出安全管理相关建议。

一、设施建设安全

充电桩建设过程中的安全隐患与其他普通电力工程建设过程中的安全隐患相同，主要的安全隐患是施工过程中的安全问题，如电力设备（高压配电箱、变压器等）安装过程中的机械伤害，电力线路的铺设过程中的触电事故，以及起重设备吊装大型物件时的起重伤害等。该类安全问题发生的主要原因是充电场站施工现场安全责任落实不到位，施工人员受教育程度及专业承载力不足，现场作业人员安全防范意识不强、思想麻痹大意等。

二、设施运营安全

充电现场的运行维护是一个长期的过程，其安全性与管理单位的工作认真程度有密切的关系，如果充电现场管理不善，地面积水持续无人清除、充电枪无人归位、充电桩周围无防撞设施、充电现场消防设施不完备等持续存在，充电桩无人维护，那么充电现场的安全风险就很高。其中最容易发生的风险是来自车辆自身的。相比传统的燃油类汽车，电动汽车具有加速度快、油门响应灵敏的特点，因此在车辆起步阶段驾驶员一时疏忽，操作失控或不当等撞击其他车辆或者充电桩。电动汽车的维护水平参差不齐可能导致事故发生，如某电动汽车的温控系统和电池过充保护系统出现故障，在充电过程中就可能出现电池温度过高甚至汽车自燃的情况。另外，电动汽车使用的电池型号参差不齐，大部分电池受到撞击后可能自燃，还可能造成连锁火灾。触电是另外一个风险因素，该类风险是由于充电设施长期暴露于室外材料老化、人为损坏或者设计缺陷等导致的人员触电伤亡风险。

三、设施运维安全

充电场站运维检修工作，存在充电设施触电、起火及交通事故风险。导致上述风险的主要原因如下所述。

1. 运维质量原因

因相关配件采购周期较长、运维人员数量不足、天气恶劣、周围环境等，充电设施未能及时维护和检修，因此存在充电设施触电、火灾等事故风险。

2. 人员素质原因

因运维队伍人员流动性较大，运营维护专业人员保有量不足等，运维人员专业技术与设备运维要求不匹配，增大触电、火灾等事故发生的概率。

3. 承载力原因

因运维期人员数量不足，每支运维队伍同时负责几个区域的运维工作，运维人员需要开车往返于各个场站间，增大运维人员交通事故发生的概率。

四、安全管理建议

（一）设施建设安全管理方面

1. 制定充电场站建设业务安全工作规程

充电场站建设单位应根据实际业务特点，制定安全工作规程，明确建设施工过程中的安全工作要求，建立施工相关方准入制度，明确准入要求，从源头杜绝不合格相关方参与施工建设。

2. 健全充电场站建设风险分级管控机制

充电场站建设单位应按照“分级预警、分层管控”原则，在规划阶段预先开展风险辨识工作，在建设阶段采取有效分级管控措施，规范施工人员作业，及时更新施工现场风险分类分级表，健全风险分级管控机制，降低充电场站施工作业风险。

3. 落实充电场站建设“四个管住”安全措施

采取“四个管住”措施，即管住计划、管住队伍、管住人员、管住现场，紧盯作业风险防控的薄弱环节。依靠科学的作业风险管控方案、严格的作业准入工作机制、有效的事前、事中和事后现场安全管控手段，以及有力的安全资信评价及安全惩戒措施，全力防范人身安全风险，坚决守住安全生产生命线。

4. 建立充电场站智能化监控系统

充电场站建设的安全监督单位应有效利用“大云物移智链”等科学理念及先进通信技术，建立作业风险管控平台，实现云巡检监督、云作业人员安全管理，提高安全生产泛在连接能力，加强作业现场安全智能管控，解决充电场站布点多、距离远、人员少、监督难等问题，有效防范作业现场安全风险。

（二）运营安全管理方面

1. 源头管控电气设施质量安全风险

针对电气系统火灾风险，相关单位应建立充电设备质量监管机制，实现采购—到货—投运—运营全过程质量安全风险管控，采用阶段抽样与全面检测相结合的方式，加强入场检测手段，防止质量不合格产品流入场站，从源头上避免电气系统火灾事故风险，保障充电场站安全。

2. 智能监控预警电动汽车火灾事故风险

针对电动汽车充电火灾风险，应在充电场站构建由火情自动报警系统、雾化喷淋系统、消防水源系统及无人充电场站云端监测及应急指挥系统组成的火灾智能监控预警平台，有效控制充电场站电动汽车火灾事故蔓延，降低损失。

3. 及时开展应急演练

在实际的城市电动汽车充电桩安全管理中，要根据实际充电情况分析安全事故类型和风险，及时对充电桩使用过程中可能出现的电池火灾、设备火灾、自然火灾和触电应急处置等问题编制应急预案，培训管理人员，同时按照规定的计划进行应急演练，有针对性的应急演练可以提高各方协同处置能力，有效提升检验管理者应急处置水平。

4. 加强安全防护措施建设

为了保证电动汽车充电桩的安全使用，在充电桩投入使用前，提前落实相关的安全防护措施。例如，对每个充电桩划好充电车位；每个充电位要安装车辆后轮限位带，防止倒车时撞到充电桩；充电桩要张贴安全警示标志、应急处理流程。

（三）运维安全管理方面

1. 编制充电场站运维工作规程及作业指导书

充电场站运维单位应结合作业检修内容，编制《充（换）电场站安全工作规程》及作业指导书，加强运维人员岗前与岗中培训考核。

2. 建立充电场站安全管理巡查联合机制

运维单位应结合充电设施的用户、利用率、环境和季节特点，建立巡视—检查联合机制，确保充电设施安全有效运行。遵循“综合检修”原则，做到“应修必修、修必修好”，严格管控材料、工艺、方法及常用备品和备件，确保检修工作质量，提高检修效率，提高安全运行水平。

3. 遵守相关安全操作规定

在日常的充电作业中，要遵守相关安全操作规定，将有关充电桩安全操作流程贴在用电设施上，将有关充电桩常见安全隐患、安全风险、检查要点张贴在醒目位置，可对运维人员起到指导、警示作用。

第二节　风险管理

随着电动汽车使用数量的不断扩大，目前充电桩市场远远不能满足其需求，因此众多企业和资本将其视为行业发展的下一个风口，在这些企业中不乏体量大、资金实力雄厚的头部企业。然而，目前该行业的整体盈利能力较低，商业模式尚未成熟，大部分企业仍在苦苦挣扎，想要进入该行业的企业需要更加谨慎地参与，要重视充电设施相关的技术问题、经济问题、政策和法规，时刻保持警惕，做好风险管理。因此，建立风险管理体系，对风险进行定量识别、度量管理，提高风险管理能力和意识，是企业生存和发展的核心。本节将从投资风险、市场风险、技术风险、产品风险、经营管理风险等维度分析，并对风险管理提出相关建议。

一、投资风险

（一）政策变动风险

政策环境是企业发展的大环境，在政策环境面前，企业是被动的。近年来，针对新能源汽车的政策补贴力度滑坡，导致新能源汽车市场的发展势头不足，间接影响充电桩行业的发展。另外，对充电站的补贴政策及标准的变化也影响充电站的建设规划及运营效益。由于充电桩还处于初步发展阶段，针对本行业的政策也处于动态变化过程中，政策支持的变化都将直接或间接地影响充电桩行业的发展。

（二）行业标准风险

任何行业的发展都离不开行业标准的规范，充电桩行业也不例外。充电桩的行业标准现阶段还处于较模糊的阶段，随着行业的发展，有关充电桩的行业标准会逐步清晰和完善。行业标准的优化可能导致老一代产品不得不被闲置或者报废，直接导致企业的经济损失。

（三）投资规划风险

充电站作为基础设施建设工程，建设投资一旦投入便不可更改。如果因投资规划不健全，而使得项目施工不能按期完工，不仅给企业带来成本压力，还会导致企业资金流紧张，最终将企业推向运营困难的境地。

二、市场风险

（一）市场需求风险

新能源汽车在政策的支持下，取得了较好的发展，充电桩作为电动汽车的电力供应设备，其发展在一定程度上依赖于新能源汽车的发展。近几年，针对新能源汽车的补助政策滑坡可能直接影响其销量，并间接影响充电市场的发展，最终影响充电桩市场需求，导致充电桩企业的业绩不及预期。

（二）市场竞争风险

近年来，随着政策的引导，很多相关企业涌入充电桩行业，行业竞争压力增大，对处于充电桩行业的企业来说，如果不能在市场竞争中占有一席之地，就有可能被淘汰，面临破产倒闭的风险。

（三） 市场定位风险

由于市场需求的多样性特点，任何企业都不可能满足所有市场需求，因此企业要有针对性地满足市场的某些需求，并针对相应的需求做精进，提升企业的竞争力。否则，企业将陷入大而不强的境地，使企业的投入产出效益降低。

三、技术风险

（一）电池技术风险

电动汽车车主对用车成本的考虑主要集中于对电池使用寿命的关注，而在用车体验方面对电池的续航里程及稳定性等较为关注。这就要求电池需要在续航里程及稳定性等方面取得突破。如果相关技术不能取得有效突破，将间接影响充电桩行业的长期发展。如果电池技术取得较大突破，充电桩行业在产品匹配及布局方面需要重新规划调整，以适应市场变化。

（二）充电技术风险

无线充电技术、快速充电技术的突破将更好地提升用户的充电体验，提高充电桩的使用周转率，有利于充电桩行业的发展壮大。企业的充电产品要同步发展以契合充电技术的发展，同时企业需要避免技术尚不成熟便大规模投入应用的风险。

四、产品风险

（一）产品质量风险

产品质量关系到公司声誉、用户安全等。企业的产品质量不强就得不到市场的认可，影响企业声誉。充电桩作为供电设备，其质量与用户的生命财产安全直接相关，因此，产品出现质量问题，企业将承担不可估算的损失。

（二）产品设计风险

产品设计是产品质量和功能的基础，是产品生产的指挥棒。产品设计工作做不好，可能导致产品残次率居高不下，给企业带来生产成本损失。此外，产品设计有缺陷，就不能有效保障产品质量，可能导致产品功能缺失、产品返修率高等问题。

（三）产品成本控制风险

企业存在的意义就是要创造盈余价值，而在业绩一定的情况下，企业创造盈余价值的多少就取决于成本的控制。企业领导及员工对产品成本控制意识不强，直接导致企业的运营效益不及预期，影响企业的发展力度。

（四）产品功能风险

随着充电桩市场的发展，用户对充电桩的需求已经不仅停留在充电、计费等基本需求上，他们还格外关注产品的充电时效、操作简便性和安全保护功能等。产品的功能如果不能满足用户的需求将逐渐失去用户的认可，降低产品在市场中的竞争力，降低企业绩效，最终影响企业效益，阻碍企业发展。

五、经营管理风险

经营管理风险包括企业正常运营过程中的资金保障、服务质量、经营投资计划、场站产品损坏丢失、充电桩产品运营过程中的意外事故的风险。本部分所研究的经营管理风险主要聚焦于企业日常运营的基本保障方面。

（一）资金不足风险

资金是企业正常运转的基本保障，企业开展的所有活动都离不开资金的支持。充电桩行业投资成本大、回收周期长的特点，往往使得企业的资金流处于紧张状态。资金不足直接影响项目投资的顺利进行，同时也影响公司整体的日常运营，对企业员工的稳定带来一定影响。

（二）服务质量风险

服务质量是获得充电用户认可的基础，现阶段充电服务基本都是无人值守模式。在这种模式下，服务质量就显得尤为重要。服务质量把控不力将导致客户对公司产品的认可度降低，充电设备的利用率降低，同时给公司的运营带来负面影响。

（三）产品损坏风险

产品损坏将使得企业维修成本升高、企业的品牌形象受损，设备损坏也将降低企业充电桩的利用率。

（四）意外事故风险

充电桩产品具有通电的特点，其可能引起的触电、火灾等意外事故风险值应得到企业高度重视，此类事故发生频率很低，但是一旦发生，可能给企业带来致命打击。

六、风险管理建议

（一）投资风险管理方面

1. 聘请行业专家做指导

聘请行业专家为公司在行业政策方面做指导，可以有效规避政策变动带来的损失。行业专家了解行业政策及政策发展动向，在专家的指导下，企业可以有针对性地处理好可能面临的政策变动的风险。

2. 加强培训，提供员工的理解

加大政策的培训力度，提高员工对行业政策的理解。专家可以为企业提供指导，但真正执行者还是员工，仅仅依靠专家的指导不足以确保企业的实际运行与指导内容一致，加大企业员工的政策培训力度尤为重要。

3. 成立行业标准研究小组

组织技术研发人员成立专门的行业标准研究小组，定期对行业最新标准研究解读，并将行业标准和企业产品研发工作相结合，在产品更新迭代中将行业标准融合进来，形成企业的产品生产标准。必要时聘请专家参与研究，确保对行业标准的理解和应用不会产生偏差。

4. 做好风险评估

对每一项投资，企业事先都要做好风险评估。通过分析，预测该项目投资风险会给企业带来负面影响的程度。假如投资失误，可能造成多大的经济损失。万一投资款到期无法收回，会给企业造成多大的经济损失。同时评估投资方案，调研市场，制定合理的管理规范与制度，确保掌握科学的决策程序和方法，并促进流动资本的良性循环。一旦某个环节有变化，事先要准备好补救措施，阻止负面影响扩大。

（二）市场风险管理方面

1. 确定市场变化和需求

面对不断变化的市场，企业可以通过全面的市场调研和市场分析，确定市场的变化和需求。在此基础上，确定公司的营销战略及产品优化方向，提升企业的竞争力。同时，企业要时刻关注市场的动态变化，分析客户的基本需求、附加需求及潜在需求等，在努力使产品和服务满足客户基本的充电和计费需求外，增加产品和服务的附加价值。

2. 有策略地推广快充桩和慢充桩

企业应以推广快充桩为主，兼顾推广慢充桩，等社区私人桩的安装有较大进展后再加大慢充桩的推广力度。目前的快充桩由于利用率高于慢充桩，回收期也较慢充桩短，有利于缓解公司资金占用周期长的压力。

3. 为客户提供产品和服务的附加价值

企业应以客户为中心，注重提升产品品质和服务质量的同时，提升产品和服务的附加价值。将产品设计得更加简便、易操作和智能化，以此提升用户的充电体验，重视企业产品的标识设计，在产品醒目位置展示企业标识。在充电平台设置充电使用评价窗口，方便用户对企业产品和服务做出评价，以便指引企业重点关注品牌打造的改进点，针对用户评价做出维护公司声誉的处理方案，这些对于提高企业品牌形象非常有利。

（三）技术风险管理方面

1. 逐步完善新能源行业的充电技术及电池技术

新能源行业属于新兴行业，充电技术及电池技术还处于逐步发展完善阶段。要增强技术应用的可靠性，需要根据对技术发展背景及前景的深入分析，做出技术预测，研究当前主要技术原理缺失之处，并基于现有技术明确电动汽车技术及充电技术的进步发展方向。分析好这些新技术应用的社会效应，尽量减少或避免技术不成熟产生的负面效应，还要减少技术异化和技术误用的可能性。

2. 发展加油站补能模式

大功率充电技术所带来的充电模式是加油站补能模式。如果加油站补能模式兴起，所需车桩的数量将少于目前状况，且电动汽车的电能补给更加高效，充电桩利用率也将整体提高，更有利于充电桩运营企业的发展。企业可以加大在大功率充电桩方面的研发和应用力度，顺应技术趋势，布局公共充电桩市场。

（四）产品风险管理方面

1. 建立健全产品质量评价标准

企业应建立全面的产品质量评价标准，从产品性能、充电效率、智能化程度、材料、制造工艺等维度综合评价产品质量。产品质量取决于很多因素，产品的设计完善程度、材料的采购质量、生产工艺等都可能影响产品的最终质量。因此企业首先需要在设计产品生产的各个环节设置质量把控制度，定期培训相关人员；其次，企业需要对返修产品及不良品做质量分析，确定影响产品品质的关键因素；最后，企业应该把质量分析结果反馈给相关部门和个人，责令相关部门和人员对影响产品质量的关键因素做好改良和把控。

2. 重视客户审美需求

电动汽车充电桩的主要功能虽然是满足电动汽车补充电能的需求，但是充电桩产品在设计过程中也要重视客户审美需求，尽量将充电桩产品的外观设计得简洁时尚，并将充电枪把手设计得符合人体把握时的手部把握状态，为用户带来美感体验的同时使用户获得最为舒适的使用体验。同时，充电桩与智能科技的结合必不可少，将科技与充电桩产品结合可以提高产品的功能及产品的品质档次，增进用户对产品的好感度。充电站在建设过程中也要从客户角度做相应的建设调整以迎合客户的需求。

3. 产品生产实现标准化

公司可以将产品生产标准化。产品的生产标准化应该始于产品的研发设计，研发设计人员需要确定好产品的用料指标及性能，并对研发测试产品的使用效果做好全面测试。产品研发设计标准确定后，物料采购需要根据设计标注对物料的需求标准采购生产所需物料，非必要不能更换替代物料，生产人员需要严格按照产品研发设计人员的标准生产测试产品。生产过程中，不管是生产的工序流程还是物料取用标准，电子元器件的安装位置都要按照企业的生产标准操作，如此不仅可以提高工作效率，降低产品设计风险和工作转换造成失误的概率，减少产品生产成本，还有利于产品质量问题的分析与追溯。

（五）经营风险管理

1. 解决企业资金流短缺

充电桩行业具有投资高、回收周期长的特点，导致从事充电桩运营的企业资金流短缺。企业可以结合自身的经营情况、资金流及银行的融资政策等实施资金把控，保证充电桩项目在实施各阶段都能够获得足够的资金支持。同时，设定项目投资建设管理计划，避免投资超预算，或项目因缺少资金而使实际进度与计划不符而造成的浪费，所以企业管理者需要对项目进度及资金支配过程进一步优化。融资可以选择贷款、融资扩股、和政府合作运营等方式，尽量多元化，确保资金及时到位，避免项目因资金不足中断或终止。在实际经营过程中，企业也要争取和供应商形成战略联盟，获得一定的账期和采购价格优势，如此不仅可以缓解企业的资金压力，还有助于企业产品生产成本的控制。

2. 及时接收保修信息

充电桩运营本质上是为充电用户提供充电服务，尽管多数充电站都实现无人值守运营，充电设备上留有企业的报修电话来接收客户的报修信息，但是电话经常出现占线等情况，导致报修信息接收不及时。企业可以以派单量结算工资的形式聘用站点所在地人员实施基本的运维服务及故障判断，提高运维服务的时效，降低售后维护人工成本及差旅费等费用。在确保 24 小时服务电话报修畅通的情况下，可以开通微信小程序、充电平台评论区留言等报修方式。真正实现线上线下协同工作、高效配合的效果，在保证充电站运营效率的同时提高客户的满意度。对客服人员及运营维护人员要做好沟通培训，鼓励他们考虑客户感受，以客户为中心，为客户着想。定期做客户沟通问题汇总分析，优化解答及处理标准，使客户服务工作日常经验积累成为企业的客户服务指南。

3. 高度重视产品安全质量

充电设施作为供电设备，其质量对设备使用安全的重要性十分重大。企业在产品设计生产时需要高度重视对产品安全质量的把控，对安全预警及保障功能不良的产品坚决抵制，因为产品质量问题引发事故的后果是不可估量的，企业决不能因小失大，埋下事故隐患。

除设备故障外，用户误操作也容易引起事故。为避免使用者操作失误引起的触电、火灾等事故的发生，企业可以通过强化使用操作的标准化流程，将操作说明及提示设置在醒目位置，在充电平台设置充电操作演示等，提示使用者正确操作。

意外事故的损失往往难以估量，有时损失可能超出企业的承受范围，所以在保障产品质量和正确操作的基础上，企业还需要与保险公司合作，为充电产品投责任保险，转移风险。

第七章
未来展望和结语

随着电动汽车和充电桩更大规模的普及，电动汽车充电市场成为资本竞相争夺的大蛋糕，可以预见未来会产生网络效应，各种充电技术层出不穷，形成一个很大的以充电桩为纽带的综合服务联盟。

第一节　充电基础设施产业各级联盟组织

近年来，除国家电网、南方电网等国企充电设施运营商外，还有特来电、星星充电等民营品牌充电设施制造及运营商在行业内处于领先地位。同时，新能源车企如特斯拉、蔚来、小鹏等，传统能源企业中石油、中石化、壳牌、BP等，都在规划建设各自的充电网络；云快充、小桔充电、快电等平台运营商更是集聚一大批小商户，通过互联网流量优势抢占资源。各运营商之间的竞争关系造成其在充电领域发展处于各自为营的状态，都有各自的技术标准和运营平台，新能源车车主使用不同的充电桩需要下载多个APP，甚至部分新能源车型因与社会运营充电桩存在充电协议不匹配等出现无法正常充电的情况，部分充电桩资源无法发挥其正常的使用价值，充电市场亟须有相应组织来统一相关技术标准，建设和维护统一开放的充电设施建设运营市场体系，促进充电市场健康发展，保障人民绿色出行。

一、中国充电联盟

按照《国务院办公厅关于加快电动汽车充电基础设施建设的指导意见》（国办发〔2015〕73号）的要求，中国电动汽车充电基础设施促进联盟

（EVCIPA）（以下简称“中国充电联盟”）于 2015 年 10 月成立，业务指导单位为国家能源局。联盟地址设在北京，是由国内主要电动汽车制造商、电网企业、通信服务商、充电设施制造商、充电运营服务商、第三方机构、相关社团组织本着“自愿、平等、合作、互惠”的原则，发起成立并具有一定组织协调能力的非营利性社团组织。中国充电联盟标志如图 7-1 所示。

EVCIPA China Electric Vehicle Charging Infrastructure Promotion Alliance
中国电动汽车充电基础设施促进联盟

图 7-1　中国电动汽车充电基础设施促进联盟标志

中国充电联盟最高权力机构是会员代表大会，实行理事会制。理事会下设秘书处和四个专业委员会，即充电运营服务协同委员会、充电设施标准实施促进委员会、充电设施网络智能信息和统计委员会、技术协同委员会。指导单位为国家能源局。理事长单位是中国汽车工业协会。执行副理事长单位是中国电力企业联合会。副理事长单位包括国家电网有限公司、中国南方电网有限责任公司、普天新能源有限责任公司、中国汽车技术研究中心、中国第一汽车集团公司、上海汽车集团股份有限公司、东风电动车辆股份有限公司、北京新能源汽车股份有限公司、比亚迪汽车工业有限公司、中兴新能源汽车有限责任公司。

中国充电联盟的工作重在联合汽车制造商、充电设施制造商、运营商，连接中央和地方政府主管部门，促进充电设施互联互通，促进行业健康发展。在互联互通方面，中国充电联盟积极推进三个互联互通：车桩互联互通、充电支付互联互通、信息互联互通，促进《电动汽车充电基础设施接口新国标的实施方案》发布，研究形成《中国电动汽车充电基础设施促进联盟成员充电漫游工作方案》，建设国家级充电设施信息平台。在促进行业健康发展方面，中国充电联盟全面搭建行业问题解决研讨、技术交流等行业沟通合作平台，建立和地方政府的沟通机制，沟通促进互联互通、政策落实，有效解决充电设施建设和运营中存在的问题等，研究起草《电动汽车充电基础设施行业规范条件（草案）》和《电动汽车充电设施行业规范作业指导书（草案）》，完成充电基础设施产品质量标识管理体系的建设工作，旨在促进行业自律和规范发展。

中国充电联盟有效促进充电设施互联互通方面的跨领域协同，搭建促进提高充电服务水平及实现共赢商业模式的交流平台，深入研究制约充电设施发展及互联互通的关键问题并提出政策建议，为政府推动充电设施发展和有效管控提供支撑服务。

二、省级联盟

浙江省能源业联合会电动汽车充电基础设施促进联盟于2016年12月26日在杭州成立，是在浙江省能源局指导下，省能源业联合会组织实施的分支机构，省内充换电制造、运营企业、通信及互联网企业、第三方机构等70多家单位成为首批成员。为充分发挥会员平台优势，2021年9月更名为“浙江省能源业联合会新能源汽车供能分会”。分会的主要职责是促进实现充电设施互联互通，促进实施技术研发与技术标准制定，推动商业运营模式创新落地，建设和维护统一开放的充电设施建设运营市场体系，致力于打造具有地方特色的充电基础设施产业发展的组织模式。成立以来，先后组织编写并发布《电动汽车充电站（桩）建设与验收规范》《电动汽车充电站（桩）运营及服务规范》《电动汽车充换电站智能运维系统技术规范》等团体标准；开展浙江省“电动汽车充电示范充电站”评比活动，搭建充电基础设施技术、服务模式、标准规范等交流平台。

三、地市联盟

浙江省能源业联合会在衢州筹备成立浙江省能源业联合会新能源汽车充电基础设施第一工作站，邀请电动汽车相关产业单位加入，重点工作是加强电动汽车产业单位、充电桩产业单位、金融产业的合作，实现联盟内会员资源互联共享，发挥各方领域在充电设施产业示范引领作用。截至2022年，第一工作站会员已有25个。

运营商联盟的作用主要是加强电力企业、充电桩制造商、运营商、车企及相关支持企业的协同，整合行业资源，提高与第三方服务商的互联互通水平，进一步扩充充电网络，提高用户充电的便利性和安全性。此外，通过制定规范充电场站建设、运营标准，培育孵化专业第三方服务商，助力充电场站高标准建设。

第二节　车网互动

未来，随着电动汽车的普及、电池循环技术的提升、电池成本的有效降低、充电桩和电网的智慧化改造等，“车网互动”应用将逐步进入成熟期。

“车网互动”是指电动汽车通过充电桩与电网进行能量信息的互动，从能量流向来看，可分为单向互动（充电功率受控的有序充电）和双向互动（既可充电也可放电的双向充放电）。通过规模化车网互动，引导新能源车主有序错峰充电，甚至可以反向供电给电网，车主可以获得相应的收益（补贴），达到削峰填谷支持电网稳定运行的双赢效果。通俗地讲，就是电动汽车可以根据电网调节，错峰充电，或者在不运行的时候，反向送电给电网，获得补贴收益，从而辅助调峰。车网互动供需关系如图 7-2 所示。

图 7-2　车网互动供需关系

以 V2G（Vehicle-to-Grid）为例，V2G 即车辆与电网互动技术，是将电动汽车用作分布式储能单元，实现车辆和电网之间能量与信息双向传递的技术，是改善用户经济效益、平抑电网负荷、减少网损、提升可再生能源消纳的重要手段。一方面，V2G 有利于提高“用电侧”经济效益，助力推广应用。电动汽车用户利用 V2G 技术，实现低电价充电，高电价向电网售电，以获取额外经济收益，提高用电经济性，推动电动汽车进一步普及。另一方面，V2G有利于推动“供电侧”能效提升，促进绿电消纳。V2G技术可实现电动汽车“低谷充电、高峰放电”，降低电网峰谷差率，提高电网运行安全性、稳定性和经济性，促进光伏等新能源的消纳，推动电网能源转型和绿色发展。我国V2G应用虽还处于早期阶段，多数项目以试点示范为主，少数项目尝试商业化验证，但国内已有多个省、自治区、直辖市采取措施支持车网互动的发展。以深圳市政府为例，一是优化组织架构，印发《深圳市虚拟电厂落地工作方案（2022—2025年）》，依托深圳供电局挂牌成立虚拟电厂管理中心，推进城市级规模化车网互动工程；二是联动产学研用各方主体，创新研发车网互动关键设备技术，培育优质企业共同构建新的产业生态；三是推动车网互动示范应用，针对公交、出租、港口、环卫等典型车型打造一批停充一体化的车网互动项目，其中南网电动、特来电、普天等运营商的充换电站已具备精准调峰响应能力；四是积极探索车网互动商业模式，组织运营商参与各类电力市场交易，并在广东省市场化需求响应基础上，探索启动针对日内、实时阶段的局部性电力供应紧张问题的响应机制。

第三节 总结展望

充电基础设施是电动汽车用户绿色出行的重要保障，是促进电动汽车产业发展、推进新型电力系统建设、助力双碳目标实现的重要支撑。随着充电市场的不断发展，电动汽车的不断推广，行业发展将要由政策驱动转向市场驱动。目前，我国充电设施的建设速度明显低于电动汽车销量的增长，桩车配比高，难以满足实际充电需求，因此国家需要建设大量的充电设施，巨大的市场规模将吸引大量社会资本涌入，政府补贴逐渐减少，更多的是靠市场化的驱动。如果只是一味地投入大量社会资本，没有良好的经营管理模式，再多的资本也会变成泡沫，而不会实现行业的顺利发展，不会真正发挥市场的推动作用。只有不断优化运营管理模式，推动技术和管理的迭代创新，才能真正留住市场资本，变政策驱动为市场驱动，在市场的环境里使其发展更加灵活。

一是加强充电设施经营管理和网络服务。《国家发展改革委等部门关于进一步提升电动汽车充电基础设施服务保障能力的实施意见》（发改能源规〔2022〕53号）提出，要加强充电设备运维与充电秩序维护，提升公共充电网络服务体验。历经培育期和发展期后，国内充电网络基本形成，充电市场行业逐渐进入成熟期，充电设施运营企业应专注于对项目的运营，要注意用户黏性的培养。一切盈利模式都是建立在大量用户群的基础上，可利用增值业务拓展盈利，充电网络全面铺开，企业拥有海量用户，利用充电数据、汽车数据、交通数据等，向信息企业转型，发展信息经济。除之前的盈利收入外，构建智能管理云平台，开展各种定向增值业务，同时，向数据产业拓展，将数据资源商品化，丰富充电设施经营管理模式。

二是持续推动技术创新和管理创新，增强充电设施市场竞争力。《新能源汽车产业发展规划（2021—2035年）》（国办发〔2020〕39号）明确大力推动充换电网络建设。第一步就是加快充换电基础设施建设，第二步是提升充电基础设施的服务水平，最后一步是鼓励商业模式的创新。各类市场主体要依托"互联网+智慧能源"，提升充电设施的智能化水平。倡导开展可移动式充电、有序充电、大功能充电、无线充电等新充电技术的试点与完善，将换电作为充电技术的有力补充。着力改善提升充电设施的安全性、兼容性、可靠性、便利性，推进各类市场主体参与充电设施运营，拓展各类新模式的增值服务，降低充电设施的运营风险，提升电动汽车用户的充电感受，才是增强电动汽车充电设施市场竞争力的核心手段。

三是创新充电服务商业模式。《浙江省充电基础设施发展"十四五"规划》指出要坚持市场化发展方向，加强多方合作，不断创新经营模式，促进充电业务向电动汽车出行服务生态圈转变。探索大型充换电站与商业地产相结合的发展方式，引导商场、电影院等商业场所为用户提供辅助充电服务。鼓励充电基础设施运营商与电动汽车生产商在售后服务方面创新商业合作，支持一体化可移动式充电站综合体、"光储"一体化智能充换电站建设，探索交通基础设施与无线充电技术融合新模式。充分利用融资租赁、特许经营权质押等方式，大力推动"互联网+充电基础设施"商业模式与服务创新，积极拓展充电基础设施增值服务，提高充电基础设施运营企业可持续发展能力。整合充电基础设施建设运营资源，探索建设集约化商业运营模式。

附 录

充电设施标准体系及政策

一、充电设施标准体系

表 1 充电设施标准体系总表

序号	标准编号	标准名称	国（行、团）标	状态
基础通用				
术语				
1	GB/T 29317—2021	电动汽车充换电设施术语	GB	已发布
2	NB/T 33028—2018	电动汽车充放电设施术语	NB	已发布
标志标识				
3	GB/T 31525—2015	图形标志 电动汽车充换电设施标志	GB	已发布
4	NB/T 10905—2021	电动汽车充电设施故障分类及代码	NB	已发布
信息安全				
5	GB/T 37295—2019	城市公共设施 电动汽车充换电设施安全技术防范系统要求	GB	已发布
6	T/CEC 208—2019	电动汽车充电设施信息安全技术规范	团标	已发布
7		电动汽车充电基础设施可信防护规范	NB	制定中
电能补给				
传导充电				
传导充电系统与设备				
8	GB/T 18487.1—2015	电动车辆传导充电系统 第 1 部分：通用要求	GB	修订中

续表

序号	标准编号	标准名称	国（行、团）标	状态
9	GB/T 18487.2—2017	电动汽车传导充电系统 第2部分：非车载传导供电设备电磁兼容要求	GB	已发布
10		电动汽车大功率非车载充电机技术规范	NB	制定中
11	GB/T 40425.1—2021	电动客车顶部接触式充电系统 第1部分：通用要求	GB	已发布
12	NB/T 33001—2018	电动汽车非车载传导式充电机技术条件	NB	已发布
13	NB/T 33002—2018	电动汽车交流充电桩技术条件	NB	已发布
14	NB/T 33021—2015	电动汽车非车载充放电装置技术条件	NB	已发布
15		电动汽车大功率非车载充电机技术要求	NB	拟制定
16	NB/T 10902—2021	20kW及以下非车载充电机技术条件及安装要求	NB	已发布
17		电动汽车顶部接触式充电设备技术规范	NB	制定中
18		基于直流母线的一体化充电站通用要求	NB	制定中
19		群控式充电系统技术要求	CEC	拟制定
20		电动汽车非车载充电机用分流器技术要求	CEC	拟制定
21	T/CEC 366—2020	电动汽车63A交流充电系统特殊要求	CEC	已发布
22	T/CEC 212—2019	电动汽车交直流充电桩低压元件技术要求	CEC	已发布
23	T/CEC 365—2020	电动汽车柔性充电堆	CEC	已发布
24		电动汽车非车载充电电源模块技术条件	CEC	制定中
25	T/CEC 368—2020	电动汽车非车载传导式充电模块技术条件	CEC	已发布
26	T/CEC 214—2019	电动汽车非车载充电机 高温沿海地区特殊要求	CEC	已发布
27	T/CEC 213—2019	电动汽车交流充电桩 高温沿海地区特殊要求	CEC	已发布
28	T/CEC 3000—2019	便携式V2V直流充放电机技术条件	CEC	已发布
29		低速电动车辆非车载充电机通用技术要求	CEC	制定中
30		电动汽车全自动传导式充电装置通用要求	CEC	制定中

续表

序号	标准编号	标准名称	国（行、团）标	状态
31		电化学储能装置传导式充电设施技术规范	CEC	制定中
传导充电接口				
32	GB/T 20234.1—2015	电动汽车传导充电用连接装置 第1部分：通用要求	GB	已发布
33	GB/T 20234.2—2015	电动汽车传导充电用连接装置 第2部分：交流充电接口	GB	已发布
34	GB/T 20234.3—2015	电动汽车传导充电用连接装置 第3部分：直流充电接口	GB	已发布
35	GB/T 27930—2015	电动汽车非车载传导式充电机与电池管理系统之间的通信协议	GB	修订中
36	GB/T 33594—2017	电动汽车充电用电缆	GB	已发布
37		电动汽车大功率充电连接组件技术要求	GB	拟制定
38	NB/T 33003—2010	电动汽车非车载充电机监控单元与电池管理系统通信协议	NB	已发布
39		电动汽车充电设施控制器与功率模块之间的通信协议	NB	拟制定
40		电动汽车非车载传导式充电模块通信协议	CEC	制定中
传导充电设施检测				
41	GB/T 34657.1—2017	电动汽车传导充电互操作性测试规范 第1部分：供电设备	GB	已发布
42	GB/T 34658—2017	电动汽车非车载传导式充电机与电池管理系统之间的通信协议一致性测试	GB	已发布
43		电动汽车传导式充电设备安全性测试规范	GB	制定中
44	NB/T 33008.1—2018	电动汽车充电设备检验试验规范 第1部分：非车载充电机	NB	已发布
45	NB/T 33008.2—2018	电动汽车充电设备检验试验规范 第2部分：交流充电桩	NB	已发布
46		交流充电接口电路模拟器 技术条件	NB	制定中

续表

序号	标准编号	标准名称	国（行、团）标	状态
47		直流充电接口电路模拟器 技术条件	NB	制定中
48	NB/T 10901—2021	电动汽车充电设备现场检验技术规范	NB	已发布
49		电动汽车非车载充电机现场检测仪	NB	制定中
50		电动汽车大功率非车载充电机测试要求	NB	制定中
51		群控式充电设备技术要求与测试规范	CEC	拟制定
52		电动汽车非车载充电机功率测评方法	NB	拟制定
53	T/CEC 215—2019	电动汽车非车载充电机检验试验技术规范 高温沿海地区特殊要求	CEC	已发布
54	T/CEC 216—2019	电动汽车交流充电桩检验试验技术规范 高温沿海地区特殊要求	CEC	已发布
55		电动汽车充电设施状态评价及鉴定导则	CEC	制定中
无线充电				
无线充电系统与设备				
56	GB/T 38775.1—2020	电动汽车无线充电系统 第 1 部分：通用要求	GB	已发布
57	GB/T 38775.3—2020	电动汽车无线充电系统 第 3 部分：特殊要求	GB	已发布
58		电动汽车无线充电系统 第 8 部分：公交车特殊要求	GB	制定中
59		立体停车库无线供电系统 技术要求及测试规范	GB	制定中
60		电动汽车无线充电系统 地面设备	NB	拟制定
61		电动汽车无线充电系统 车载设备	NB	拟制定
62	T/CEC 277—2019	纯电动场（厂）内车辆无线充电系统技术条件	CEC	已发布
无线充电接口				
63	GB/T 38775.2—2020	电动汽车无线充电系统 第 2 部分：车载充电机和无线充电设备之间的通信协议	GB	已发布

续表

序号	标准编号	标准名称	国（行、团）标	状态
64	GB/T 38775.6—2021	电动汽车无线充电系统 第 6 部分：互操作性要求及测试 地面端	GB	已发布
65	GB/T 38775.7—2021	电动汽车无线充电系统 第 7 部分：互操作性要求及测试 车辆端	GB	已发布
66		电动汽车车载充电机和无线充电设备之间的通信协议	GB	制定中
无线充电设施检测				
67	GB/T 38775.4—2020	电动汽车无线充电系统 第 4 部分：电磁环境限值与测试方法	GB	已发布
68	GB/T 38775.5—2021	电动汽车无线充电系统 第 5 部分：电磁兼容性要求和试验方法	GB	已发布
69		电动汽车无线充电系统 通信一致性测试	GB	拟制定
70		电动汽车无线充电系统 测试规范要求	GB	拟制定
71		电动汽车无线充电系统 地面设备测试规范	NB	拟制定
72		电动汽车无线充电系统 车载设备测试规范	NB	拟制定
73		电动汽车无线充电电磁暴露限值与测试方法	GB	制定中
74		电动汽车无线充电系统 通信协议一致性要求及测试地面端	CEC	制定中
电池更换				
动力电池箱				
75	GB/T 34013—2017	电动汽车用动力蓄电池产品规格尺寸	GB	已发布
76	GB/T 40098—2021	电动汽车更换用动力蓄电池箱编码规则	GB	已发布
77		汽车用动力电池编码标准	GB	拟制定
78	NB/T 33024—2016	电动汽车用动力锂离子蓄电池检测规范	NB	已发布
79	NB/T 33025—2020	电动汽车快速更换电池箱通用要求	NB	已发布
80	NB/T 10436—2020	电动汽车快速更换电池箱冷却接口通用技术要求	NB	已发布

续表

序号	标准编号	标准名称	国（行、团）标	状态
81		电动汽车快速更换电池箱规格尺寸	CEC	拟制定
82	NB/T 10435—2020	电动汽车快速更换电池箱锁止机构通用技术要求	NB	已发布
换电系统与设备				
83	GB/T 33341—2016	电动汽车快换电池箱架通用技术要求	GB	已发布
84		电动汽车电池更换用电池箱架通用技术要求	GB	制定中
85	NB/T 33006—2013	电动汽车电池箱更换设备通用技术要求	NB	已发布
86	NB/T 33026—2016	电动汽车模块化电池仓技术要求	NB	已发布
87	NB/T 33027—2016	电动汽车模块化充电仓技术要求	NB	已发布
88	NB/T 10434—2020	纯电动乘用车底盘式电池更换系统通用技术要求	NB	已发布
89		电动汽车电池更换系统安全要求	NB	制定中
90		电动汽车电池更换系统结构和用例	NB	制定中
91		纯电动乘用车快换装置通用技术要求	CEC	制定中
充电设备				
92	NB/T 33020—2015	电动汽车动力蓄电池箱用充电机技术条件	NB	已发布
换电接口				
93	GB/T 32879—2016	电动汽车更换用电池箱连接器通用技术要求	GB	已发布
94	GB/T 32895—2016	电动汽车快换电池箱通信协议	GB	已发布
95	GB/T 32896—2016	电动汽车动力仓总成通信协议	GB	已发布
96		电动汽车更换用电池箱连接器 用例	CEC	拟制定
97		电动汽车快速更换电池箱数据接入与安全监控技术规范	NB	制定中
换电设施检测				
98		换电系统（快换电池箱、车辆、换电系统）兼容性测试规范	NB	拟制定

续表

序号	标准编号	标准名称	国（行、团）标	状态
充换电站及服务网络				
充换电站				
99	GB/T 29772—2013	电动汽车电池更换站通用技术要求	GB	已发布
100	GB/T 29781—2013	电动汽车充电站通用要求	GB	已发布
101	GB 50966—2014	电动汽车充电站设计规范	GB	修订中
102	GB/T 51077—2015	电动汽车电池更换站设计规范	GB	修订中
103		电动汽车顶部接触式充电站设计规范	NB	制定中
104	NB/T 33005—2013	电动汽车充电站及电池更换站监控系统技术规范	NB	已发布
105	NB/T 33007—2013	电动汽车充电站 / 电池更换站监控系统与充换电设备通信协议	NB	已发布
106	NB/T 33018—2015	电动汽车充换电设施供电系统技术规范	NB	已发布
107		电动汽车无线充电站 设计规范	NB	拟制定
服务网络				
108		电动汽车充换电服务网络运营管理系统间数据交换	GB	制定中
109		电动汽车充换电服务信息交换 第 1 部分 总则	GB	拟制定
110	NB/T 33017—2015	电动汽车智能充换电服务网络运营监控系统技术规范	NB	已发布
111		电动汽车充电计费控制单元 第 1 部分：技术条件	NB	拟制定
112		电动汽车充电计费控制单元 第 2 部分：与充电桩通信协议	NB	拟制定
113		电动汽车充电计费控制单元 第 3 部分：检验技术规范	NB	拟制定
114	T/CEC 1021—2016	电动汽车充换电服务信息交换 第 1 部分：总则	CEC	修订中

续表

序号	标准编号	标准名称	国（行、团）标	状态
115	T/CEC 1022—2016	电动汽车充换电服务信息交换 第2部分：公共信息交换规范	CEC	修订中
116	T//CEC 1023—2016	电动汽车充换电服务信息交换 第3部分：业务信息交换规范	CEC	修订中
117	T/CEC 1024—2016	电动汽车充换电服务信息交换 第4部分：数据传输及安全	CEC	修订中
118		电动汽车充换电服务信息交换 第5部分：充换电服务智能卡技术规范	CEC	制定中
119		电动汽车充换电服务信息交换 第6部分：充换电设备接入服务平台接口规范	CEC	制定中
120		电动汽车充换电服务信息交换 第7部分：电动汽车与充电设施服务平台信息交换接口技术规范	CEC	制定中
121		电动汽车充换电服务信息交换 第8部分：监管信息接口规范	CEC	制定中
122		电动汽车充换电服务信息交换 第9部分：管理信息平台功能规范	CEC	制定中
123		电动汽车充换电服务信息交换 第10部分：即插即充技术导则	CEC	制定中
124		电动汽车充电基础设施信息服务平台 功能规范	CEC	制定中
125		电动汽车充换电设施运维服务评价规范	CEC	制定中
126		电动汽车充电服务身份认证技术规范	CEC	制定中
建设与运行				
计量				
127	JJG 1148—2022	电动汽车交流充电桩检定规程（试行）	JJG	已发布
128	JJG 1149—2022	电动汽车非车载充电机检定规程（试行）	JJG	已发布
129	GB/T 28569—2012	电动汽车交流充电桩电能计量	GB	修订中
130	GB/T 29318—2012	电动汽车非车载充电机电能计量	GB	修订中

续表

序号	标准编号	标准名称	国（行、团）标	状态
131		电动汽车电池箱电能计量	GB	制定中
132	GB/T 36277—2018	电动汽车车载静止式直流电能表技术条件	GB	已发布
133		电动汽车无线充电系统 电能计量	GB	拟制定
134		电动汽车更换用电池箱电能计量规范	CEC	拟制定
电能质量				
135	GB/T 29316—2012	电动汽车充换电设施电能质量技术要求	GB	已发布
与电网互动				
136	GB/T 36278—2018	电动汽车充换电设施接入配电网技术规范	GB	已发布
137		电动汽车智能车载终端 车与充换电设施互动控制技术条件	GB	拟制定
138		电动汽车充电设施接入电网试验规范	GB	拟制定
139	NB/T 33029—2018	电动汽车充电与间歇性电源协同调度技术导则	NB	已发布
140		电动汽车电池更换站与电网协调调度导则	NB	拟制定
141		电动汽车充放电双向互动 第 1 部分：总则	NB	制定中
142		电动汽车充放电双向互动 第 2 部分：有序充电	NB	制定中
143		电动汽车充电设施与电网互动 第 3 部分：微电网	NB	拟制定
144		能源互联网与电动汽车互动规范	GB	制定中
145	T/CEC 239.7—2019	电力需求响应信息模型 第 7 部分：电动汽车	CEC	已发布
运行管理				
146	GB/T 51313—2018	电动汽车分散充电设施工程技术标准	GB	已发布
147		电动汽车充电设施能效等级要求	GB	拟制定
148		电动汽车充电设施能效等级测评方法	GB	拟制定
149	NB/T 33019—2015	电动汽车充换电设施运行管理规范	NB	修订中

续表

序号	标准编号	标准名称	国（行、团）标	状态
150	GB/T 37293—2019	城市公共设施 电动汽车充换电设施运营管理服务规范	GB	已发布
151	NB/T 33023—2015	电动汽车充换电设施规划导则	NB	已发布
152		电动汽车无线充电系统 运行维护规范	NB	拟制定
153		电动汽车充电桩及运营平台信息安全技术规范	NB	制定中
施工验收				
154	GB 50067—2014	汽车库、修车库、停车场设计防火规范	GB	已发布
155	NB/T 33004—2020	电动汽车充换电设施工程施工和竣工验收规范	NB	已发布
156	NB/T 33009—2021	电动汽车充换电设施建设技术导则	NB	已发布
157	NB/T 33022—2015	电动汽车充电站初步设计内容深度规定	NB	已发布
158		电动汽车充电设施接入运营安全评价规范	NB	制定中
159		电动汽车无线充电站 工程施工和竣工验收规范	NB	拟制定
160		电动汽车无线充电系统 检修规范	NB	拟制定

表 2 浙江省能源业联合会 CEC 目录

发布时间	发布部门	文件名称
2019 年 10 月	浙江省能源业联合会	电动汽车充电站（桩）建设与验收规范（T/ZNL 001—2019）
2019 年 10 月	浙江省能源业联合会	电动汽车充电站（桩）运营及服务规范（T/ZNL 002—2019）
2021 年 7 月	浙江省能源业联合会	电动汽车充电电缆抗热老化性能检测方法 热重分析法（T/ZNL 001—2021）

二、充电设施相关政策

表 3　中央充电设施相关政策目录

发布时间	发布部门	文件名称
2014 年 7 月	国务院办公厅	《关于加快新能源汽车推广应用的指导意见》（国办发〔2014〕35 号）
2015 年 9 月	国务院办公厅	《关于加快电动汽车充电基础设施建设的指导意见》（国办发〔2015〕73 号）
2015 年 10 月	国家发展改革委、国家能源局、工业和信息化部、住房和城乡建设部	《电动汽车充电基础设施发展指南（2015—2020 年）》（发改能源〔2015〕1454 号）
2016 年 1 月	财政部、科技部、工业和信息化部、国家发展改革委、国家能源局	《关于“十三五”新能源汽车充电基础设施奖励政策及加强新能源汽车推广应用的通知》（财建〔2016〕7 号）
2016 年 7 月	国家发展改革委、国家能源局、工业和信息化部、住房和城乡建设部	《关于加快居民区电动汽车充电基础设施建设的通知》（发改能源〔2016〕1611 号）
2016 年 12 月	国家发展改革委、国家能源局、住房和城乡建设部、交通运输部	《关于统筹加快推进停车场与充电基础设施一体化建设的通知》（发改基础〔2016〕2826 号）
2016 年 12 月	国家发展和改革委员会、国家能源局、工业和信息化部	关于印发《电动汽车充电基础设施接口新国标实施方案》的通知（发改能源〔2016〕2668 号）
2017 年 1 月	国家能源局、国资委、国管局	《关于加快单位内部电动汽车充电基础设施建设的通知》（国能电力〔2017〕19 号）
2017 年 9 月	工业和信息化部、财政部、商务部、海关总署、质检总局	《乘用车企业平均燃料消耗量与新能源汽车积分并行管理办法》）
2018 年 11 月	国家发展改革委、国家能源局、工业和信息化部、财政部	关于印发《提升新能源汽车充电保障能力行动计划》的通知（发改能源〔2018〕1698 号）

续表

发布时间	发布部门	文件名称
2019 年 3 月	财政部、工业和信息化部、科技部、国家发展改革委	《关于进一步完善新能源汽车推广应用财政补贴政策的通知》（财建〔2019〕138 号）
2019 年 5 月	财政部、工业和信息化部、交通运输部、国家发展改革委	《关于支持新能源公交车推广应用的通知》（财建〔2019〕213 号）
2019 年 5 月	交通运输部、中央宣传部、国家发展改革委、工业和信息化部、公安部、财政部、生态环境部、住房和城乡建设部、国家市场监督管理总局、国家机关事务管理局、中华全国总工会、中国铁路总公司	《关于印发绿色出行行动计划（2019—2022 年）的通知》（交运发〔2019〕70 号）
2020 年 4 月	财政部、工业和信息化部、科技部、国家发展改革委	《关于完善新能源汽车推广应用财政补贴政策的通知》（财建〔2020〕86 号）
2020 年 10 月	国务院办公厅	《国务院办公厅关于印发新能源汽车产业发展规划（2021—2035 年）的通知》（国办发〔2020〕39 号）
2021 年 2 月	国务院	《国务院关于加快建立健全绿色低碳循环发展经济体系的指导意见》（国发〔2021〕4 号）
2021 年 2 月	商务部办公厅	《商务部办公厅关于印发商务领域促进汽车消费工作指引和部分地方经验做法的通知》（商办消费函〔2021〕58 号）
2022 年 1 月	国家发展改革委、国家能源局、工业和信息化部、财政部、自然资源部、住房和城乡建设部、交通运输部、农业农村部、应急部、市场监管总局	《国家发展改革委等部门关于进一步提升电动汽车充电基础设施服务保障能力的实施意见》（发改能源规〔2022〕53 号）
2022 年 8 月	国家能源局综合司	《国家能源局综合司关于委托建设国家充电设施监测服务平台有关事项的复函》（国能综函电力〔2022〕53 号）

表4　浙江省充电设施相关政策目录

发布时间	发布部门	文件名称
2016年7月	浙江省发展和改革委员会	《关于印发浙江省电动汽车充电基础设施“十三五”发展规划的通知》（浙发改能源〔2016〕432号）
2016年7月	浙江省财政厅、浙江省发展和改革委员会、浙江省科学技术厅、浙江省经济和信息化委员会	《关于“十三五”我省新能源汽车推广应用和充电基础设施建设财政奖补政策的通知》（浙财企〔2016〕63号）
2016年10月	浙江省人民政府办公厅	《关于加快电动汽车充电基础设施建设的实施意见》（浙政办发〔2016〕127号）
2017年1月	浙江省发展和改革委员会	关于印发《浙江省电动汽车充电基础设施建设运营管理暂行办法》的通知（浙发改能源〔2017〕52号）
2018年10月	浙江省人民政府	《关于印发浙江省打赢蓝天保卫战三年行动计划的通知》（浙政发〔2018〕35号）
2019年5月	浙江省发展和改革委员会	关于印发《2019年浙江省充电基础设施建设发展年度计划》的通知（浙发改能源〔2019〕232号）
2020年3月	浙江省发展和改革委员会、浙江省公安厅、浙江省财政厅、浙江省生态环境厅、浙江省交通运输厅、浙江省商务厅、浙江省市场监督管理局	关于印发《浙江省促进汽车消费的若干意见（2020—2022年）》的通知（浙发改服务〔2020〕94号）
2020年10月	浙江省财政厅等五部门	《关于进一步完善省级新能源汽车推广应用财政奖补政策的通知》（浙财企〔2020〕73号）
2021年4月	浙江省发展和改革委员会	关于印发《浙江省新能源汽车产业发展“十四五”规划》的通知（浙发改规划〔2021〕107号）
2021年6月	浙江省能源局	《浙江省充电基础设施发展“十四五”规划》（浙能源〔2021〕6号）

续表

发布时间	发布部门	文件名称
2022 年 10 月	浙江省发展改革委	《省发展改革委关于小区电动汽车集中充电设施电价政策的复函》（浙发改价格函〔2022〕621 号）
2022 年 11 月	浙江省交通运输厅、浙江省能源局、国网浙江省电力有限公司	关于印发《浙江省加快推进公路沿线充电基础设施建设行动实施方案》的通知（浙交〔2022〕119 号）

表 5　浙江省各地市政府充电设施相关政策目录

发布时间	发布部门	文件名称
2016 年 5 月	杭州市人民政府办公厅	关于印发《杭州市推进新能源电动汽车充电基础设施建设实施办法》的通知（杭政办函〔2016〕60 号）
2017 年 2 月	杭州市城乡建设委员会	关于印发《杭州市新能源电动汽车公用充电桩运营管理暂行办法》的通知（杭建科发〔2017〕70 号）
2018 年 11 月	杭州市新能源汽车基础设施建设推进小组	关于印发《关于进一步加强新能源电动汽车公用充电设施建设管理的实施细则（试行）》
2019 年 12 月	杭州市财政局、杭州市经济和信息化局、杭州市城乡建设委员会、杭州市交通运输局	《杭州市 2019—2020 年新能源汽车推广应用财政支持政策》（杭财企〔2019〕103 号）
2016 年 10 月	宁波市人民政府办公厅	《2016—2020 年宁波市新能源汽车推广应用实施方案》（甬政办发〔2016〕158 号）
2017 年 7 月	宁波市人民政府办公厅	关于印发《宁波市电动汽车充电基础设施建设实施方案的通知》（甬政办发〔2017〕82 号）
2021 年 4 月	宁波市发展和改革委员会	《宁波市电动汽车充电基础设施奖励补贴专项资金使用管理暂行办法》

续表

发布时间	发布部门	文件名称
2021 年 7 月	宁波市能源局、宁波市财政局	关于印发《宁波市电动汽车充电基础设施奖励补贴资金使用管理实施细则》的通知（甬能源〔2021〕44 号）
2016 年 5 月	温州市人民政府办公室	《关于加快电动汽车充电基础设施建设的通知》（温政办〔2016〕41 号）
2016 年 11 月	温州市规划局	《温州市中心城区电动汽车充电设施专项规划（2016—2020）》
2017 年 12 月	温州市发展和改革委员会、温州市财政局	《关于温州市区新能源汽车推广应用地方补助事项的通知》（温发改产〔2017〕330 号）
2020 年 12 月	温州市发展和改革委员会、温州市财政局、温州市综合行政执法局	关于印发《温州市级 2020—2021 年新能源汽车推广应用支持政策》（温发改产〔2020〕179 号）
2016 年 10 月	湖州市规划局	《湖州市新能源汽车推广应用规划（2016—2020 年）》
2016 年 7 月	湖州市人民政府办公室	《湖州市促进电动汽车充电基础设施建设运营办法（暂行）》（湖政办发〔2016〕68 号）
2019 年 7 月	湖州市新能源推广办、湖州市自然资源和规划局、湖州市住房和城乡建设局、湖州市人民防空办公室、湖州市消防支队、国网湖州供电公司	《关于新建住宅小区和公共建筑等充电基础设施规划设计指导意见》（湖推广办联发〔2019〕1 号）
2016 年 9 月	嘉兴市发展和改革委员会、嘉兴市财政局	关于印发《嘉兴市本级新能源汽车推广应用操作细则》的通知（嘉发改〔2016〕297 号）
2021 年 4 月	嘉兴市发展和改革委员会、嘉兴市财政局、嘉兴市经济和信息化局、嘉兴市科学技术局	关于印发《嘉兴市 2021 年度省级新能源汽车推广应用奖补资金使用操作细则》的通知

续表

发布时间	发布部门	文件名称
2018年6月	绍兴市经济和信息化委员会、绍兴市发展和改革委员会、绍兴市财政局	关于印发《绍兴市区2018年新能源汽车推广应用财政补助办法》的通知（绍市经信〔2018〕75号）
2020年6月	绍兴市发展和改革委员会	《关于印发绍兴市电动汽车充电基础设施建设运营管理暂行办法的通知》（绍市发改能通〔2020〕19号）
2016年6月	金华市经信委、金华市财政局、金华市发展改革委、金华市科技局	《2016年金华市新能源汽车推广应用工作实施方案》
2016年7月	金华市人民政府办公室	关于印发《金华市电动汽车充电基础设施建设管理实施方案》的通知（金政办发〔2016〕62号）
2018年7月	衢州市发展和改革委员会、衢州市财政局、衢州市经济和信息化委员会、衢州市科技局	《衢州市新能源汽车推广应用和充电基础设施建设省财政奖补资金管理暂行办法》（衢发改发〔2018〕53号）
2022年6月	衢州市发展和改革委员会、衢州市经济和信息化局、衢州市科学和技术局	衢州市发改委等3部门关于印发《衢州市新能源汽车推广应用工作实施方案》的通知（衢发改发〔2022〕27号）
2022年12月	衢州市住房和城乡建设局、衢州市自然资源和规划局、衢州市发展和改革委员会、衢州市消防救援支队、国网衢州供电公司	关于印发《衢州地区住宅小区供配电设施建设技术管理规定（2022年试行）》的通知（衢住建〔2022〕82号）
2016年7月	台州市发展和改革委员会、台州市规划局、台州市交通运输局	关于印发《台州市电动汽车充电设施建设管理办法（试行）》的通知
2016年12月	丽水市发展和改革委员会	关于印发《丽水市电动汽车充电基础设施发展规划（2016—2020）》
2016年7月	舟山市发展和改革委员会	《舟山市“十三五”电动汽车充电基础设施发展规划》
2020年12月	舟山市发展和改革委员会	《关于核定新能源电动汽车公用充电桩充电服务价格的通知》（舟发改价格〔2020〕31号）